포스텍
융합문명
연구원

문명과 사회
총서
003

코로나19로 되돌아보는 노동 세계의 변화

배달 앱 플랫폼과 노동 그리고 미래

포스텍융합문명연구원 문명과 사회 총서 003

코로나19로 되돌아보는 노동 세계의 변화

배달 앱 플랫폼과 노동 그리고 미래

초판 1쇄 인쇄 2022년 5월 6일

초판 1쇄 발행 2022년 5월 13일

—

지은이 윤호영

펴낸이 이방원

편 집 정우경·김명희·안효희·정조연·송원빈·박은창

디자인 손경화·박혜옥·양혜진 **마케팅** 최성수·김 준·조성규

—

펴낸곳 세창출판사

신고번호 제1990-000013호 주소 03736 서울시 서대문구 경기대로 58 경기빌딩 602호

전화 723-8660 팩스 720-4579 **이메일** edit@sechangpub.co.kr **홈페이지** http://www.sechangpub.co.kr

블로그 blog.naver.com/scpc1992 **페이스북** fb.me/Sechangofficial **인스타그램** @sechang_official

—

ISBN 979-11-6684-098-2 93320

포스텍
융합문명
연구원

문명과 사회
총서
003

코로나19로 되돌아보는 노동 세계의 변화

배달 앱 플랫폼과 노동 그리고 미래

윤호영 지음

세창출판사

머리말

매우 사소한 일들이 연결되면서, 꼬리에 꼬리를 물다 전혀 예상치 못한 결과가 나오는 경우가 있습니다. 아이폰을 만든 애플 기업의 CEO였던 스티브 잡스Steve Jobs가 미국 스탠퍼드 대학 졸업식 연설에서 했던 말과 유사합니다. 전혀 상관없어 보이는 점dot 하나하나가 어느 순간 연결되어 매우 의미 있는 결과를 가져온다는 연설이었지요. 물론, '결과'의 크기라는 것이 사람마다 다르고, 연결되는 점들도 다른 것이 사실입니다. 제가 스티브 잡스처럼 점들을 연결했다면 그만큼 재산이 엄청나게 많아야 할 것입니다. (혹은 그처럼 유명해야 하는 것도 있군요.) 현실은 그렇지 않습니다.

부족하고 부끄럽습니다만, 이 책도 여러 가지 점들이 연결된 결과입니다. 다만 그 점들이 처음에 계획했던 것과는 많이 달라지기는 하였습니다. 모든 일이 계획했던 대로 진행되지 않는 것도 인생의 묘미입니다. 어떤 때는 그렇게 달라지는 것이 반갑지 않은 경우도 있기는 합니다.

저술을 시작하자, 항상 그렇듯이 저의 공부가 짧음을 느끼는 데 얼마 걸리지 않았습니다. 그리고 나서 짧은 공부를 채우고자 노력했습니다만, 많이 성공한 것 같지는 않습니다. 그래도 주어진 시간 내에 자료를 통해 정리하고자 노력했습니다. 여기저기 흩어진 이야기들을 가져와서 하나의 흐름으로 만들어 보고자 하였습니다. 많은 사람들이 알고 있는 것 같고, 조사도 많이 되고 있다고 느끼는 사안을 막상 살펴보면, 너무 정신없이 많은 이야기들이 있는 것처럼 느껴지는 경우가 있습니다. 어디선가 누군가 정리하면 좋을 것 같은데라는 생각이 들 때가 있습니다. 맞습니다. 이 책이 바로 그러한 목표를 가지고 출발했습니다. 코로나19로 인해 급격하게 성장한 배달 앱 플랫폼 고용을 통해 우리의 노동 현실을 살펴보고, 앞으로의 미래를 생각해 보고자 한 것입니다.

걱정이 앞서는 것도 사실입니다. 많은 이야기를 정리하고자 욕심을 내어서, 글의 범위가 종잡을 수 없이 커졌다가도 다시 매우 미세한 부분을 다루기도 하는 등 중구난방이 된 것은 아닐까 하는 생각이 들기도 하니까요. 또한 이미 플랫폼 노동, 특히 배달 앱과 관련하여 이 책에서 다루고자 한 사항들이 많이 논의된 것도 사실입니다. 많은 이야기들이 그동안 우리 사회에서 진전되었습니다. 업데이트가 빠르게 진행되다 보니, 불과 반년 전의 기획이 이미 늦어 버리는 세상이기도 합니다.

그래도 이 책을 통해 몇 가지 이야기를 담아내고자 하였습니다. 우선은 1장에서 코로나19 이후 변화하고 있는 세상을, 기업들의 움직임과 산업의 흐름을 엿보고, 플랫폼 노동뿐만 아니라 우리의 현실을 생각해 보고자 하였습니다. 무엇보다 직접적인 소득과 자산 등 경제적인 측면을 논의하면서, 코로나19 이후 일어난 일들을 이해해 보고자 하였습니다. 2장에서는 보다 직접적으로 배달 앱 플랫폼 노동을 다루고 있습니다. 배달 앱을 둘러싸고 일어난 인력 충원, 배달 앱이 활성화되면서 나타난 환경에 미치는 영향이라든가, AI로 대표되는 알고리즘 보스의 출현 등을 이야기하고 있습니다. 3장에서는 보다 기술적인 측면에서 우리의 미래 노동과 직업을 이야기하고자 하였습니다. 그리고 그 과정에서 우리가 할 수 있는 일이 무엇일까 생각해 보았습니다.

조사를 하면서 느꼈던 점은 미국과 유럽을 비롯한 많은 국가들이 비슷한 현상을 경험하고 있고 유사한 처방과 정책을 내놓고 있다는 사실이었습니다. 물론 우리나라만의 특색도 있습니다. 하지만, 적어도 플랫폼과 관련된 사항에 있어서는 우리나라가 한발 느리다는 생각이 들었습니다. 불과 몇 년 전까지만 해도 인터넷과 관련된 사회현상은 우리나라가 세계 최고로 빨랐습니다. 대한민국에서 일어난 일이 몇 년 뒤에 자신의 나라에서 일어날 것이라던 『뉴욕타임스』 기사도 십 년 전의 일입니다. 우리나라는 그렇게 빨랐으며 사회현상도 선도했습니다. 클레이 셔키라는 사람이 뉴욕에서 누군가가 잃어버린 아이폰을 찾은 이야기를 담은 책 『끌리고 쏠리고 들끓다*Here comes everybody*』를 2008년 출간했을 때, 첫 장을 넘기자마자 우리나라에서 수년 전에 일어난 일을 신기한 듯이 서술하는 걸 보고 의아해했던 기억이 납니다. 그래서 어디서 발표를 하거나 이야기를 하면 서구의 친구들이 잘 이해를 못 했습니다. 그러다 자신들이 경험하고 나서야 이해를 하고, 마치 우리나라에는 그런 일이 없고 자신들의 경험이 세계 최초라는 듯이 새로운 용어를 만들고, 학계 논문을 휩쓸고 다닐 때마다 혼자 당황했던 적이 한두 번이 아니었습니다. 그때마다 우리나라가 적어도 5년은 빠른데 왜 이런 상황이냐며, 침을 튀기며 이야기하고 다녔던 기억이 납니다.

그런데 적어도 플랫폼 노동은 그런 것 같지 않습니다. 제가 2016년에 베를린에서 열린 작은 학회인 인터넷 연구자 학회 Association of Internet Researchers에 참석한 적이 있습니다. 그해 학회 학술대회의 핵심 연설이 플랫폼과 알고리즘이었습니다. 그때는 플랫폼 사회라는 것이 새삼스러운 것도 아닌데, 약을 잘 판다고 생각했습니다. 하지만, 이제야 우리나라에서 제가 그 위력을 실감하고 있습니다. 경험하고 나서 알게 된 것이지요. 차이는 제가 이제 이야기한다고 학계를 휩쓸지는 못한다는 것입니다. 학계는 이미 알고 있으니까요. 아이러니입니다.

어찌 되었건 현상은 우리나라에서 동일하게 진행되거나 약간 느린 수준이었는데, 우리나라의 사회적 담론은 몇 년 느린 것 같습니다. 그동안 플랫폼과 알고리즘, 인공지능과 같은 단어들을 너무나도 산업적 맥락과 경제 성장에만 초점을 맞추고 이야기해 온 것은 아닌가 생각해 봅니다. 앞으로 더 많은 사회적 논의가 있었으면 좋겠습니다. 이 책이 앞으로의 사회적 담론에 조금이라도 도움이 될 수 있는, 출발점으로 정리된 책이 될 수 있기를 기원합니다.

최선을 다하기는 하였으나, 짧은 시간 내 서술하다 보니 부족한 부분이나 오류가 있을 수 있습니다. 독자 여러분의 넓은 마음으로 이해를 부탁드리며, 서슴지 마시고 저에게 알려 주시면 감사하겠습니다.

서대문구 대현동에서

윤 호 영

들어가며

비대면의 두 얼굴 — 키오스크와 사이렌 오더

코로나19를 대표하는 단어는 '사회적 거리 두기'와 '비대면'이다. 사람들이 서로 마주하는 가운데 호흡기 입자인 비말, 즉 침이 공기 중에 퍼져 나가면 코로나19 바이러스의 전파가 급격히 이루어진다. 그러자, 마스크로 사람들의 비말 전파를 차단하고, 직접 얼굴을 마주하여 대화하는 횟수를 줄이고, 바이러스가 도달할 수 없도록 사람들 간 거리를 벌리는 사회적 거리 두기가 도입되었다. 이중, 삼중의 방역 방법인 셈이다. 비대면과 사회적 거리 두기가 당연시되자, 많은 변화가 나타났는데, 그중 하나는 비말이 퍼질 수밖에 없는 상황을 피하기 위한 식사 방법의 변화이다. 포장 주문으로 사람을 만나지 않고 식사하는 것이다. 식당을 가지 않는 포장 주문이 늘어났고, 배달은 기하급수적으로 늘어났다. 매장에서도 직접 마주 보고 이야기하는 주문보다 무인화된 주문이 확장되었고 서로 앉는 간

그림 1 맥도날드의 키오스크

격은 멀어졌다. 그리고 IT 기술은 스마트폰과 결합하여 앱으로 주문하는 것과 매장 내 무인화 주문 기계인 키오스크^{kiosk}로 구분되었다. 자리에 앉아 있으면 식음료를 가져다주는 방식에서 주문 이후 직접 가져가는 셀프서비스가 확산된 이후로, 이제는 주문도 직접 하는 셀프서비스의 확대가 당연하게 받아들여지게 되었다.

하지만, 무인화 주문 방식으로 '비대면'을 도입하게 된 이유는 방역이 아니었다. 맥도날드가 2015년 키오스크 도입 매장을 미국에서 크게 늘리겠다고 말하고 한국에도 처음 도입했을 때, 키오스크는 '비대면' 기기가 아니라 '비임금' 기기였다. 최저임금 인상에 대한 대응이자, 임금 인상 요구에 대한 대안으로 키오스크가 등장했다(온종훈, 2018). 한마디로 사람을 줄여, 인건비로 나가는 비용을 줄이겠다는 목적이었다. 기계가 도입되자 주문을 받기 위해 항상 카운터에 서서 기다리는 사람이 불필요해졌다. 임금을 주는 사람의 수를 줄이고 동일한 기능을 수행하기 위한, 그리고 장기적으로는 사람보다 유지 비용이 적게 들어가는 기계가 도입되는 이른바 '노동 비용 합리화'가 진행되었다. 그런데, 키오스크가 도입되니 해당 인력을 없애는 것도 가능하지만 사람이 줄었을 때 그 일을 해야 하는 인력을 아예 주문을 처리하여 고객에게 전달할 제품을 준비하는 노동력으로 전환시키는 것도 가능해졌다. 즉 동일한 시간에 더 많은 일을 처리하는 것을 뜻하는 '노동 생산성'도 향상되었다.

이와 같은 경영 혁신이자 무인화 주문 방식의 대명사로는 스타벅스의 사이렌 오더siren order를 빼놓을 수 없다. 심지어 스타벅스의 사이렌 오더는 스마트폰 앱 주문이기에 매장에 들어서지 않은 상태에서도 주문할 수 있고, 미리 주문해서 받아 가는 것도 가능하다. 매장으로 오면서 주문이 가능하니 고객은 기다리는 시간을 줄이게 되고, 매장 인력은 동일 시간에 더 많은 주문을 받아 처리할 수 있고 그만큼 쉬는 시간도 줄어들게 된다. 노동 생산성이 극대화된다. 그뿐이랴. 앱으로 주문하니 누가 언제 어느 매장에 무엇을 주문하는지 데이터로 기록된다. 앱의 데이터로 메뉴 혁신과 고객 만족 서비스 조사도 쉽게 할 수 있게 되었다. 스타벅스 무료 쿠폰을 제공하는 별을 주면 사람들이 거부감 없이 조사에 응하는 것이다. 그리고, 스타벅스 앱에 미리 충전된 현금은 소규모 은행 못지않게 축적된 금융 자산이다. 이제 사이렌 오더를 위한 스타벅스 앱은 단순한 주문을 위한 앱을 넘어선다. 스타벅스의 노동 생산성을 향상시키는 주문 기기이자, 금융 자산을 축적할 수 있는 수단이고, 고객의 주문 기록을 전송해 주는 데이터 수집기이며, 고객 실험을 위한 발판이기도 하다.

스타벅스 입장에서는 해당 앱이 깔린 숫자로 자신들의 고객 숫자도 가늠이 가능하다. 또한 고객이 정기적으로 구매하는지 일시적인 고객인지 어림잡을 수 있고, 그에 따라 매출에 대한 예상도 어느 정도 할 수 있다. 그러면, 이제 노동 생산성뿐만 아니라 물류 생산성도 높아지게 된다. 제품 매출이 예상되니, 원재료 주문도 그에 맞추어 탄력적으로 대응할 수 있고, 인력도 매우 적절하게 배치하는 탄력적 운용이 가능해진다. 여러모로 스타벅스 앱은 단순 주문 기계가 아니라 영업 전반에서 매우 중요한 역할을 하는 도구가 된다.

그럼, 모든 커피전문점이 이러한 서비스가 가능할까? 아메리카노 커피 한 잔 900원으로 유명한 '커피온리Coffee Only' 매장은 자리가 없고 주문 키오스크만 있다. 매장에 방문한 고객이 주문하면 이를 처리하여 커피를 제공하는 맥도날드의 키오스크와 동일한 방식으로, 비용 감소를 목표로 하고 있다. 대부분이 자영업자인 이들 매장에서 스타벅스와 같은 앱을 도입하는 것은 어렵고 오히려 유지 비용만 드는 등 불필요하기까지 하다.

하지만, 누군가가 대신해 준다면 이야기는 달라진다. 코로나19 이후 배달의민족과 같은 플랫폼 업체들을 활용하여 앱으로 주문받는 자영업자들이 증가했다. 심지어 피크 타임을 위해 조리 공간만 빌리고 빌려주는 사업도 등장했다. 배달 대행 서비스를 중심으로 한 변화, 앱을 통한 주문 배달의 증가는 코로나19로 인한 변화의 또 다른 측면이다.

당연히 앱을 소유한 플랫폼 업체의 성장은 치솟았다. 배달 앱 '배달의민족'을 운영하는 우아한형제들의 2019년 매출은 5,654억 원이었는데, 1년 뒤인 2020년 매출은 94.4% 늘어난 1조 995억 원을 달성하였다(삼정회계법인, 2020). 1년 사이에 두 배가 뛰어 1조 원에 달한다. 거래액은 15조가 되었다(김형원, 2021a). 서울시가 2020년 1년 동안 지하철, 시내버스, 도시 철도 등 대중교통과 도로 유지보수 등 도로교통을 위해 쓴 예산이 2조 4천억 원이다(서울특별시 예산총괄팀, 2021). 배달 회사의 매출이 천만 명의 도로교통 예산의 절반 규모와 맞먹는다. 단순히 스마트폰에 설치된 앱이 만들어 내는 성과라 생각하면 어마어

마한 규모다. 당연히 그냥 앱만으로는 배달이 이루어지지 않는다. 배달하는 사람, 라이더들이 필요하다. 주당 60시간 배달할 수 있는 전문 배달 인력인 배민라이더스는 2019년 2월 1,009명에서 12월 2,283명으로 열 달 동안 천 명가량 증가했는데, 코로나19 이후 신규 모집이 중단되었다가 7월에 1,000명을 더 고용하기로 하여 2020년 10월에는 약 3,400명 정도로 유지되었다. 주당 20시간으로 제한되어 운영되던 배민커넥터는 동 기간인 2020년 2월 기준 323명에서 12월에는 14,730명으로 급격히 증가하였고 2021년 10월에는 7만 명으로 추산된다(조성흠, 2020; 박정훈, 2020). 그러니까 잠실종합운동장 좌석을 모두 꽉 채워 앉아 있을 정도 규모인 7만 명의 사람들이 음식 배달을 하겠다고 나선 것이다. 가히 "우리는 배달의민족"이다. 반면, 배달 인력의 주 연령대를 이루는 20~30대 임금 노동자의 일자리는 다른 연령대보다 뚜렷하게 그리고 급격히 감소했다. 2020년 2분기와 3분기에 전년 동기보다 20대는 각각 8.2만 개, 8.6만 개가 감소하였으며, 30대는 각각 9.3만 개, 6.4만 개 감소하였다. 40대 이후 연령대는 감소가 아니라 오히려 증가했다 (통계청 행정통계과, 2020; 2021).

사회 전체적으로 무인화 및 비대면 상황이 줄어들었다고, 업무가 줄어드는 것은 아니었다. 온라인 전자 상거래의 확대는 택배 물량의 폭발적인 증가로 인한 택배 운송자의 과로사를 빈번하게 만들었다. 배달 업무를 하는 인력의 이동 동선은 오히려 더 넓어졌으며, 배민커넥터의 성장에서 보듯 배달하는 사람도 많아졌다. 비대면이 요구되는 장소 또는 맥락이 많아졌을 뿐, 일이 줄어든 게 아니었다.

그렇다면, 비대면 무인화, 키오스크, 사이렌 오더, 플랫폼 노동, 젊은 층의 임금 일자리 감소, 이 모든 것이 무엇을 의미할까? 적절히 일하고 싶을 때에만 일하는 워라밸의 증가일까? 새로운 기술 기반 서비스로 우리 사회가 더욱 나아지고 있음을 의미하는 것일까? 편리한 기술로 일자리가 대체되거나 노동 생산성이 향상되고, 편리한 서비스를 위한 배달 인력의 증가 등 새로운 서비스를 위한 인프라가 증가하지만, 우리는 저임금의 일자리로, 또는 수수료 기반 서비스에 의존하며 기존의 일자리에서 밀려나는 것을 의미할까? 직업 안정성이 높은 직업이 사라지고, 이른바 '건당' 일감에 의존하는 일자리가 늘어나는 것이 4차 산업혁명일까? 우리 사회에서 플랫폼 노동은 과연 지속 가능한 노동 세계일까? 이러한 사회 변화로 우리는 잘 살게 되었고, 사회적으로 풍족해졌을까?

어려운 문제다. 당연히 이 모든 미래에 대한 질문에 책 한 권으로 대답하기는 어렵다. (만약 가능하다면, 이 책의 저자는 지금쯤 노벨 경제학상을 수상했거나, 미래 전망이 뛰어난 사람이라 투자를 통해 떼돈을 벌었어야 한다. 하지만, 그럴 리가 없지 않은가!)

다만 지금까지 경험한 사건과 자료를 기반으로 한번 생각해볼 수는 있다. 프랑스의 역사학자 페르낭 브로델이 말한 것처럼, 우리가 겪고 있는 사건, 즉 이벤트가 어떤 흐름(국면)에 놓여 있는지를 판단하고 이것이 구조적인 변화인지 아닌지 살펴보는 것이다. 물론 우리가 보고 있는 것은 사건이고, 과거의 모습으로부터 미래를 생각해 보는 것이기 때문에 한 번도 겪어보지 못한 사건들이 발생하면 오류가 생기게 마련이다. 예를 들어, 2018년 월드컵 축구를 두고 과거 데이터에 기반하여 최신 데이터 분석 기술 중 하나를 활용한 11만 번의 머신러닝 시뮬레이션은 독일이 결승에 올라갈 것이라 예상했다(A. Groll et al., 2018). 하지만 결과는 우리 모두가 알다시피 16강 탈락이었다. 독일 사람들은 상상하지도 못했다. 대한민국에게 무려 두 골을 내어 주며 탈락했다. 당시 독일 신문 『발트Welt』지는 "독일 남자 국가대표팀의 역사적인 수치Die historische Schmach"라고 표현했다.

독일이 16강에 들어가지 못한 것은 80년 만에 처음이었기 때문에, 16강에 떨어지는 것은 과거 데이터 어디에도 존재하지 않았다. 데이터에 없던 사건이 일어나면, 과거 데이터에 기반한 예측은 모두 오류가 된다. 해당 시뮬레이션은 스페인의 우승 확률이 가장 높다고 했는데, 스페인마저 16강에서 러시아에 밀려 탈락했다. 그래도 스페인은 2014년에 조별 리그에서 탈락했으니 그보다는 나은 결과를 얻었다. 월드컵 우승국 예측도 이렇게 틀리는 마당에, 코로나19 이후 우리 사회가 어떻게 변화할 것인지 예측하고 지속 가능한 노동사회가 될 것인지 바라보는 것은 월드컵 우승국 예측보다 백만 배 이상 더 어려울 것이다.

하지만, 코로나19 시기에 나타난 비대면 사회의 모습은 완전히 새로운, 데이터에 없는 것이 아니라, 이미 그 이전부터 만들어지고 있었다는 점에서 우리에게 생각할 수 있는 기회를 준다. 코로나19 시대가 과거로부터 이어져 오던 우리의 관습, 생활 방식을 모두 버리게 만들고 완전히 새로운 모습으로 탈바꿈시킨 단절의 시대가 아니라, 오히려 그전부터 존재하던 흐름을 좀 더 부추기고 더 빠른 변화를 이끈 가속화의 시대이기 때문이다. 배달, 배송의 인프라와 서비스가 이미 존재하고 있었고, 플랫폼 기반 산업 발전은 확장 일로에 놓여 있는 상태에서 코로나19를 마주쳤다. 원격 온라인 수업이 초기 혼란을 가져오기는 했지만, 코로나19 이전부터 우리는 이미 인터넷망 보급이 세계 최고 수준이었고, 인터넷 강의의 줄임말 '인강'이 보편화된 용어일 정도로 익숙한 상태였으며, 디지털 인터넷 기기가 없어 공부하지 못하는 교육 격차는 찾아보기 힘든 나라였다(강대중 외, 2020). 그러니 우리는 지금의 모습과 이를 보여 주는 자료를 통해서 우리의 현재 모습은 어떠한지, 그리고 현재에 비추어 미래의 시나리오를 써 보고 전망해 보는 것은 가능할 것이다.

이 책은 근래 논의되고 있는 이야기에 대한 구체적인 데이터를 모아서 코로나19 이후 사회에 대한 전망을 해 보는 책이다. 그리고 그러한 전망의 중심에 배달 앱을 중심으로 한 플랫폼 노동과 사회적 불평등을 두기로 한다. 코로나19가 우리에게 던진 화두는 비대면, 인공지능, 자율주행, 전기차, 심지어 메타버스metaverse와 같은 기술과 산업 전망도 있지만, 지속 가능한 사회가 되려면 이러한 기술과 산업을 뒷받침하는 노동이 논의되어야 한다고 생각하기 때문이다. 그런 점에서, 산업-고용-노동으로 연결되는 변화를 읽어 보고 앞으로 우리가 어떤 사회적 논의를 시작해야 하는지 이야기해 보자는 것이다.

이 책을 집필하며 드는 몇 가지 고민 중 하나는 이 책에 수많은 숫자들이 등장하기 때문에, 독자들이 책을 중간에 덮을 것 같다는 불길한 예감이다. 수많은 숫자들이 증거 자료로 제시될 것이지만, 구체적인 숫자보다는 전체적인 흐름을 보는 것이 어떻겠냐는 제안을 해 보고자 한다. 글을 쓰는 입장에서는 최대한 정확히 쓰기 위해 노력하기 때문에 구체적인 숫자를 제시할 것이지만, 너무 열심히 숫자를 읽을 필요가 그렇게 많지 않을 수 있기 때문이다.

다시 스타벅스로 돌아가 보자. 스타벅스 코리아는 2015년

7,739억 원이었던 매출이 2020년에는 코로나19의 여파로 성장률이 전년도보다 7배 이상 하락했음에도 1조 9,284억 원으로 149% 이상 성장했다. 해당 기간 동안 고용 인원은 7,934명에서 17,517명으로 9,583명, 121%가량 늘었다. 6년 동안 매년 약 1,600명씩 고용이 증가한 셈이다. 세전 평균 급여는 2015년 138만 원에서 2020년 198만 원으로 43% 정도 증가했다. 2020년 최저임금이 8,590원이었는데, 스타벅스의 시급은 8,800원이었던 것으로 알려져 있다. 스타벅스와 같이 사람들 간에 소통을 하거나 개방된 공간에서 자신이 하고 싶은 일을 할 수 있는 생활 문화 공간이 늘어나는 것을 반기지 않을 이유가 없다. 하지만 그 이면에서 이러한 공간을 뒷받침해 주는 노동이 어떠한 가치로 평가되는지도 유심히 살펴보아야 한다. 그리고 그 과정에서 사이렌 오더와 같은 ICT 기기를 기반으로 한 네트워크 및 데이터 분석 기술이 앞으로 우리 사회를 어떻게 바꾸게 될 것인지도 생각해야 한다. 앱으로 선택하고 주문하여 결제하면 음식이 원하는 곳에 배달되지만, 주문을 전송하는 순간부터 주문자 앞으로 배달되기까지 주문자는 보지 못하는, 식료품 재료 공급과 조리, 그리고 배달의 전 과정에 이르기까지의 그 모든 인프라가 이러한 배달을 가능하게 만들기 때문이다. 누군가는 만들고, 누군가는 배달해 주어야 하기 때문이다. 만약 주문에서 배달을 이어 주는 노동이 지속 가능하지 않

다면 이러한 배달 주문 서비스는 불가능하다. 적어도 해당 과정들이 인공지능 또는 자율주행 로봇 등으로 대체되기 전까지는 그렇다. 물론, 키오스크와 같이 노동을 대체하는 기기의 발전도 유심히 관찰해야 한다고 생각한다. 특히, 코로나19로 인한 비대면 및 사회적 거리 두기 확대는 이전부터 있었던 인프라와 서비스를 거대하게 확장시켰기 때문에, 빨리 다가온 가속화된 미래에 어떻게 대처할 것인가를 지금부터 생각해 봐야한다. 그 과정에서 여러 가지 논의가 나올 수 있지만, 이 글은 주로 노동과 관련된 여러 가지 사항들을 다루어 보고자 하는 것이다.

1장

데이터로 보는
플랫폼 노동과 사회

1. 코로나19 이후 변화를 겪고 있는 산업 현장

1) 수요와 공급: 노동 투입을 통한 생산 극대화 전략

코로나19 초기 사회적으로 가장 큰 혼란은 마스크 공급이었다. 마스크를 찾는 수요가 폭증하자 가격이 먼저 뛰어 갔다. 코로나 이전 개당 300원에서 700원 하던 KF94 마스크가 5,000원까지 올라갔다(서영아, 2020). 가격이 오른 건 둘째 치고, 구할 수 있으면 다행이었는데 구하기도 힘들어졌다. 그러자 얼마 지나지 않아 정부가 공적 마스크를 공급하기 시작했다. 공적 마스크의 하루 최대 공급량은 2020년 5월에 1,212만 장을 기록할 정도였다(식품의약품안전처, 2020a). 민간 마스크와 공공 마스크를 합한 전체 공급량은 같은 해 2월 넷째 주에 6,990만 장이었던 것이 8월 넷째 주에는 2억 7,368만 장이 되는 등 거의 4배 가까이 증가되어 공급되었다(이종운, 2021).

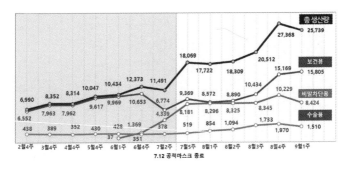

그림 2 2020년 2월 4주~9월 1주 마스크 주간 생산량(단위: 만 개, 출처: 식품의약품안
전처, 2020b)

　　마스크 공급의 전체적인 과정은 경제학의 기본 '수요-공급
법칙'에 따라 움직였다. 수요가 폭증했는데, 공급이 없으니 가
격이 먼저 높이 뛰어 갔다. 공급량을 늘리기 위해 공장이 쉴
새 없이 돌아가고, 마스크가 잘 팔린다니 새로 마스크 생산 시
설을 들이기도 했다. 그래서 공급이 증가하자 가격은 다시 내
려왔다. 가격이 안정되고 공급이 잘 되니 폭발적인 수요도 줄
어들고, 공급과 수요가 모두 안정세로 돌아섰다. 언제든지 살
수 있으니 미리 살 필요가 없는 법이다. 그러자, 새로 생긴 공
장 시설 가동이 불필요해지는 등 공급 과잉 상태가 되어 망하
기까지 했다(안대규, 2020). 수요와 공급이 적절히 균형을 이루는
가운데, 이제 아무도 마스크 공급을 걱정하지 않는다.

　　기업이 일시적인 수요 증가에 대응하는 방법은 두 가지이다. 기계를 새로 사서 생산 수단을 늘리거나, 사람의 노동력을 많이 투입해서 생산력을 높여 생산량을 늘리는 것이다. 군대 작업으로 쉽게 설명할 수 있다. 카투사로 미군 공병부대에 근무할 때, 한국군에서 대대로 지원 요청이 왔다. 약 200명 정도가 필요한 작업이니 1개 중대를 보내 달라는 것이었다. 대대에 4개 중대가 있었다. 웨스트포인트 육사 출신인 중대장은 대대장에게 굳이 자원해서 가겠다고 했다. 그렇다. '굳이 자원해서' 가겠다고 했다. 그나마 다행인 건 작업 내용을 듣더니 "2개 소대면 될 것 같은데?"라며 2소대와 중장비 소대인 A&O 소대만 보낸 것이었다. 그런데, 얼마 안 있어, 2소대 황 상병이 부대에 나타났다. 어떻게 된 일이냐 물었더니, 현장에 도착한 역시나 웨스트포인트 출신 레인저인 부중대장이 현장을 보더니, "A&O 소대 1개 분대면 된다"라며 중장비와 1개 분대 6명만 남기고 부대로 돌아왔다는 것이다. 노동력 200명이 필요하다는 작업을 중장비와 사람 6명으로 해결한 것이다. 장비가 있으면 사람이 없어도 되고, 장비가 없으면 사람이 많아야 한다는 기본 원칙을 보여 준 것. 그러니, 사람을 교대로 많이 투입하거나 기계를 사면 되는 것이다.

하지만, 비싼 장비는 잘못 샀다가는 애물단지만 되고, 돈은 돈대로 날리게 된다. 기계 설비와 같이 비싼 물건을 갑자기 폭증한 수요만 보고 샀다가는 본전을 찾기 전에 수요가 줄어들게 되면 금방 망하는 것이다. (그래서, 허니버터칩이 그렇게 품절되었어도 해태제과는 생산 설비를 늘리지 않았다.) 그러니 기계를 새로 사기보다는 대부분 위험 요소를 줄이기 위해 웬만하면 사람을 더 많이, 혹은 더 오래 투입하는 방법을 선택한다. 가장 좋은 방법은 기존에 있는 사람들을 일시적으로 더 오래 일하도록 하고, 초과 근무비를 지급하는 것이다. 수요가 평상시처럼 돌아오면, 일을 평상시처럼 하면 된다. 생각해 보면, 사람을 많이 고용하는 방법도 쉽지 않은 일이다. 일단 구하는 데 힘이 들고, 다시 내보내기도 쉽지 않다. 그러니까 폭증하는 수요에 대응하는 가장 좋은 방법은 노동력을 끝까지 끌어올리는 것이고, 웬만하면 근무 시간을 늘리는 것이고, 그래도 감당이 안 될 정도로 장기간 지속되면 새로 고용하는 것이다.

쿠팡은 코로나19로 인해 급격히 증가한 온라인 주문의 최대 수혜 기업 중 하나다. 2021년 3월 12일 쿠팡은 뉴욕 증시에 상장되어 한때 100조의 기업 가치를 기록했다(그 뒤로 반년 만에 반토막이 났다). 감사보고서에 따르면, 2019년 쿠팡의 매출은 7조 1,530억 원이었는데, 2020년에는 13조 9,235억 원으로 거의 2배 가까이 증가했다(삼일회계법인, 2020). 고용도 이에 못지않게 급격히 증가했다. 2019년 12월 국민연금 기준으로 9,032명이 고용되어 일하고 있었는데, 1년 뒤인 2020년 12월에는 무려 21,119명이 고용되어 2.3배 증가했다.[1] 인력 증가는 배달과 관련된 플랫폼에서 더욱 두드러진다. 앞서 언급한 '배달의민족' 앱의 배달 인력을 관리하는 우아한청년들의 고용은 같은 기간 3.2배 증가했다. 수요가 폭발하자 당장 필요한 인력 고용을 늘려서 대응한 것이다.

배달 수요 폭발은 맥도날드와 같은 전통적인 패스트푸드 산업에서도 나타났다. 2020년 1월까지 지속적으로 감소하던 맥도날드의 고용이 2020년 1년 동안 30%가량 증가했다.[2] 맥도날드는 코로나19 이전부터 지속적으로 매장을 줄였다. 대표적인 예가 20년 된 신촌점을 2018년에 철수한 것이다.

그림 3 맥도날드 신촌점 자리에 들어선 아티제 매장

---

1   쿠팡 풀필먼트 서비스와 쿠팡 페이를 제외한 본 기업 기준. 크레딧잡의 쿠팡 검색 결과. https://kreditjob.com/company/28e04bb131d99e8b1d805772eada856b26573b7a

2   크레딧잡의 맥도날드 검색 결과. https://www.kreditjob.co.kr/company/4942a2325b9ad7c041e0a97a5ce777e3a8a489c2

매각설과 철수설이 나돌던 맥도날드의 고용이 늘어난 건, 다른 패스트푸드점과 달리 배달 인력을 직고용했기 때문이다. 고용이 늘어난 것에서 보이듯 코로나19로 인해 한 해 성적도 좋았다. 가맹점을 제외한 한국맥도날드의 매출은 9.1% 늘어난 7,900억 원이었는데, 맥드라이브의 매출이 23% 증가했고, 맥딜리버리는 37% 증가했다(오정민, 2021). 생각해 보면 한국맥도날드는 기술을 잘 받아들여 왔다. 업계 최초로 차량으로 주문하고 건네받는 맥드라이브를 도입하고, 2007년에는 주문 서비스인 맥딜리버리를 인터넷으로도 주문할 수 있게 했다. 2019년 1월에는 기존 배달 오토바이를 2021년까지 모두 전기오토바이로 교체하겠다고 선언하기도 했다(이태수, 2019).

2) 오프라인의 충격: 구조조정으로 손실 줄이기

코로나19의 수혜 기업이 아닌 피해 기업들에게 최근은 혹독한 시련의 기간이었다. 단적으로 여행, 숙박, 영화, 면세-백화점 등 유통 기반 사업의 충격이 컸다. 2020년 1월부터 6월 상반기에 롯데쇼핑은 관련 기업을 포함한 연결재무제표 기준 당기순이익이 약 2,423억 원에 달하는 손실을 기록했는데, 이는 2019년 상반기에 기록한 1,860억 원 흑자와 비교해 보면 무려 4,283억 원이나 차이가 나는 것이었다(롯데쇼핑 재무총괄본부, 2020). 호텔신라 역시 비슷했는데, 연결재무제표 기준 2019년

한 해 동안 기록한 당기순이익 1,694억 원의 흑자가 2020년 2,833억 원의 적자로 변신했다. 그 차이가 역시 롯데쇼핑과 비슷한 수준인 4,527억 원에 달했다(호텔신라 TR 지원팀, 2021). 고용 인원으로 보면, 호텔신라는 국민연금 기준으로 2020년 2월에 2,674명이 고용되어 있었는데 1년 뒤인 2020년 2월에 남아 있는 인력은 2,314명으로 약 14.5%를 감원했다. 정리해고를 통한 구조조정도 단행되었는데, 화장품 회사로 유명한 아모레퍼시픽은 2020년 2월 5,817명에서 2021년 2월 5,109명으로 약 12.2%를 감원했다.

이들 기업이 손실을 기록한 여러 가지 이유 중 하나로 디지털 온라인에 대한 대비가 부족했다는 점이 거론된다. 오프라인 매장 중심의 운영이 이동 자제와 사회적 거리 두기로 인해 직격탄을 맞았다는 것이다. 매장 유지비와 인건비 등 고정비용의 지출은 그대로인데 매출이 나오지 않으니 손해가 축적되어 어쩔 수 없이 정리해고에 나섰다고 볼 수 있다. 오프라인 지역 진출을 통해 매출을 늘리기 위해서는 새 매장이 필요하고 새로운 고용이 나와야 한다. 지역을 오가는 유동 인구를 잡기 위해서 여러 지역마다 매장을 두어야 하는 것이다. 하지만, 온라인은 기존 시스템에서 단순히 매출이 늘어나는 것이니 부가적인 비용이 상대적으로 적게 투입되면서 유지되고, 물류센터를 통해 넓은 지역을 담당할 수 있으니 이른바 규모의 경제를 달성할 수 있게 된다. 거기에, 클라우드 시스템을 도입하면 일정한 트래픽을 유지하기 위한 비용이 지속적으로 지출되는 것이 아니라 트래픽의 크기에 따라 서버 비용도 탄력적으로 운용할 수 있어 효율적인 운영이 가능하다. 예를 들어, 대규모의 인터넷 트래픽이 예고되는 이벤트 세일 기간에는 서버가 수용할 수 있는 용량을 늘리고, 평상시에는 이전 트래픽 수준으로 되돌리는 것이다. 앞서 언급한 쿠팡은 이러한 이점을 살릴 수 있게 2017년 8월에 자사 인프라를 모두 아마존 웹 서비스Amazon Web Service, AWS로 이전했고, 배달의민족, 마켓컬리, 당근마켓 등 유수의 온라인 플랫폼들도 모두 아마존의 서비스를 이용하고 있다. 실제로, 기업들이 내부 혁신을 위해 도입하는 기술 중 하나가 클라우드 시스템으로, 유통뿐만 아니라 다른 분야 기업에서도 도입하고 있는데, 이러한 경향이 코로나19 이후 두드러졌다(신찬옥, 2020). 물론, 특정 업체 클라우드 서비스를 이용하기 때문에 해당 클라우드 서비스에 장애가 나타나면 매출이 타격받을 가능성은 언제나 존재한다. 2018년 11월에 그런 일이 일어나기도 했다. 아마존 클라우드 서비스인 AWS가 장애를 일으키자, 아마존 클라우드에 기반한 쿠팡과 배달의민족, 그리고 코인 거래소인 업비트 등에 접속 장애가 발생했다. 그야말로 웹 서비스가 복구될 때까지 손 놓고 아무것도 못 하는 사태가 터진 것이다(노정동, 2018).

다시 돌아와서, 코로나19로 인해 상당 부분 타격을 받은 기업 중에는 그 사업 모델 자체가 오프라인에서 이루어져야 하는 여행업이나 영화관 관련 기업은 어쩔 수 없다고 하더라도, 온라인으로 전환하는 방법도 있지만 전환하지 못했던 기업들이 큰 피해를 보았다. 그리고 영화 상영과 같이, 영화관에 가는 것은 오프라인에서 이루어져야 하지만 영화를 보는 것은 네트워크로 연결된 디지털로 가능해졌기 때문에 앞으로 영화관의 전망을 어둡게 하고 있다. 오프라인으로 이루어져야 하는 사업이 있고, 온라인으로 모두 전환이 가능한 사업, 그리고 오프라인과 온라인 사이에서 적절히 전환이 가능한 사업이 있는 것이다.

고용의 측면에서 온라인 전환은 기존 인력의 축소와 새로운 인력의 고용으로 이루어진다. 디지털 전환은 자본의 투하이고 이러한 자본의 투하와 새로운 시스템 구축은 기존 인력에 대한 대규모 감량을 통한 체질 개선으로 이어지게 마련이다. 이른바, 구조조정이 나타나게 된다.

K-뷰티로 중국 진출과 함께 엄청난 성장을 구가했던 아모레퍼시픽은 사드THAAD 사태 이후 추락을 거듭하다 코로나19 직전 중국과의 관계 개선에 대한 기대로 업황에 대한 기대 역시 상승했다. 하지만 코로나19 이후 대규모 손실이 불가피해진 국내외 오프라인 판매망과 중국 내수 브랜드의 저가 브랜드 공략으로

인해 창사 이래 최초로 희망퇴직을 실시하고 사업에 대한 구조조정을 단행했다. 사드 미사일 부대 배치 이전 2016년 2분기 아모레퍼시픽 그룹의 실적은 매출액 1조 7,200억 원에 영업 이익 약 3,100억 원에 달했는데, 2020년 2분기 매출은 1조 1,800억 원에 영업 이익은 362억 원으로 영업 이익이 88%나 감소하였다(민경종, 2020). 수치가 너무 커서 실감이 안 될 수 있으므로 현실적인 예를 들어 보면, 작년에 세후 5천만 원의 소득을 올리던 사람이 그다음 해에 세후 소득이 600만 원이 된 것과 같다. 엄청난 하락인 셈. 희망퇴직과 중저가 브랜드 아리따움, 이니스프리, 에뛰드하우스 등 오프라인 매장 폐점 등을 통한 구조조정이 실시되었다. 국내에서는 위에 언급한 3개 로드 숍 매장이 2018년 말에는 2,257개였는데, 이후 20개월 동안 약 30%에 달하는 661개 매장이 폐쇄되었다(이선목, 2020). 에뛰드하우스는 중국 진출 9년 만에 오프라인 매장을 전면 폐쇄하고 철수했다 (길소연, 2021). 롯데쇼핑도 마찬가지여서, 코로나19 이전부터 제기되어 온 경쟁력 약화로 인한 매장 폐쇄가 코로나19 기간 동안 빠르게 진행되어, 3~5년 동안 진행될 것으로 예상되었던 구조조정의 절반 정도를 거의 10개월 만에 절반이나 달성하였다 (김은영, 2021).

오프라인의 손실을 구조조정으로만 대응한다면, 손실은 줄일 수 있어도 앞으로의 성장을 기대하기는 어렵게 된다. 사이즈만 줄이는 것이기 때문이다. 성장을 위해서는 기존의 오프라인이 아닌 온라인을 중심으로 한 체질 개선이 필요하고 새로운 성장 전략이 필요하게 된다.

3) 틈새 개척을 통한 혁신: 오프라인에서 온라인으로

2017년 6월 미국 아마존은 유기농 식품 마트로 유명한 홀푸드Whole Food 인수를 전격 발표했다. 홀푸드는 오프라인 마켓이다. 우리로 치면 대형마트의 식품 코너만 모아 놓은 것이라 보면 된다. 온라인 전자상거래 플랫폼이 오프라인 마트를 인수한 것. 2016년 12월에 아마존은 출입할 때 휴대폰을 출입문에 찍고 들어가면 물건을 집고 계산 없이 나와도 자동으로 계산되는 시스템인 아마존 고Amazon Go 매장을 소개했다. 그리고 6개월 뒤 실제 오프라인 마트인 홀푸드를 인수하여 오프라인 진출을 본격화했다. 아마존은 홀푸드를 인수함으로써 신선 식품 온라인 주문 배달, 아마존 회원 프로그램인 아마존 프라임 Amazon Prime 회원에 대한 홀푸드 구매 할인 및 신선 식품 온라인 주문뿐만 아니라 무인택배 수령 장소인 아마존 로커Amazon Locker를 홀푸드 매장에 놓는 등 다른 아마존 제품 주문에 대한 오프라인 픽업 장소도 확보하게 되었다. 온-오프 연결이 실행된 것이다.[3] 또한 고소득자 중심의 비싼 유기농 제품 매장인 홀푸드에 대한 접근성을 강화하여 가격을 낮추고 경쟁력을 강화하기 시작했다. 아마존이 인수한 2년 뒤인 2019년 한 조사에 따르면, 홀푸드는 그 전보다 상품의 가격을 20% 이상 낮추었으며, 여타 다른 대형마트보다 27%가량 비쌌던 가격 차이를 12~13% 수준으로 낮추었다(A. Cheng, 2019).

원래 전통적인 오프라인 식품 판매의 강자는 오프라인 중심의 월마트Wal-Mart였다. 하지만 월마트는 오프라인 중심의 대형 마켓으로 아마존이 온라인 주문 시장 점유율을 올리면서 지난 2016년에는 연 매출이 1980년 이래 36년 만에 처음으로 감소하였다(문재용, 2016). 2016년에는 아마존에 의해 지속적으로 밀리는 온라인 시장 확장을 위해 온라인 쇼핑 사이트 제트닷컴Jet.com을 인수하는 등 아마존과 본격적인 경쟁에 나섰다. 또한 2018년에는 회원제 중심의 창고형 매장인 샘스 클럽Sam's Club을 폐쇄하거나 온라인 구매를 위한 지역 물류센터로 전환하고, 온라인 주문 후 오프라인 픽업 방식을 지속적으로 강화해 나갔다. 이처럼 온라인과 오프라인을 결합하는 전략은 미국 대형마트인 타겟Target도 구사했다. 이 전략은 이번 코로나19 시기에 월마트와 타겟과 같은 오프라인 기업이 아마존 못지않게 많은 수익을 올리는 계기가 되었다. 코로나19가 미국에서 한창 확산 중이던 2020년 8월 기준으로 월마트의 디지털 판매

3   Amazon, "Prime at Whole Foods Market." https://www.amazon.com/fmc/m/300 00404/?almBrandId=VUZHIFdob2xlIEZvb2Rz

는 전년 대비 2배로 뛰었고, 타겟은 거의 3배 이상 증가했으며, 아마존은 경우는 그 크기 때문에 비율로 비교하기는 어려우나 약 40% 이상 매출이 증가했다(H. Peterson, 2020). 반면에 오프라인 중심으로 100년이 넘은 역사를 자랑하던 미국 고급 백화점 니만 마커스Neiman Marcus는 2020년 4월 파산을 신청했고, JC페니, 메이시스 등 다른 오프라인 상점 역시 모두 마찬가지로 파산 위기로까지 몰리기도 했다(배정원, 2020).

이와 비슷한 경쟁과 전환이 국내 대형마트 경쟁에서도 나타면서 오프라인 마트들이 온라인과 결합하는 전략으로 나타났다. 이마트는 온-오프를 연결 짓는 전략을 구상하면서 신선-가공식품 매출을 끌어올렸고, 온라인 채널 쓱닷컴SSG.com의 매출 성장에 힘입어, 코로나19 시기를 관통한 2020년에 오히려 역대 최대 매출을 올렸다. 2020년 연결 기준 매출은 22조 330억 원으로 전년 대비 15.6% 증가했고, 영업 이익은 2,371억 원으로 57.4% 증가했다(조혜령, 2021). 점포 폐쇄를 통한 구조조정을 수행한 롯데마트의 온라인 매출은 2020년 한 해 동안 39.3% 증가했으며(박효주, 2021), 오프라인 점포를 물류센터로 활용하고, 자동화 포장 설비를 도입하는 등 오프라인 매장 내 온라인 배송을 위한 창고를 설치하는, 월마트식의 다크 스토어dark store를 도입했다(신민정, 2020).

오프라인 구조조정에 이은 온라인 매출 강화를 통한 위기

탈출은 화장품 회사인 아모레퍼시픽에서도 두드러졌다. 아모레는 2021년 1분기 영업 이익이 전년 동기 대비 191% 상승하였는데, 국내외 온라인 채널의 매출이 30% 이상 증가하였다(윤정훈, 2021). 앞서 언급했던 코로나19로 인한 위기 기업들이 1년 동안 구조조정을 수행하고 오프라인 전략을 온-오프 간의 유기적인 연결 강화로 바꾸어 디지털 마켓 성장세를 이루면서, 지속적인 성장을 이루는 혁신을 수행한 셈이다. 코로나19 위기에서, 이 위기를 혁신의 기회로 활용한 것.

그렇다면, 원래 태생이 온라인 거래를 기반으로 하고 있는 기업들은 변화하고 있는 온라인 시장에 어떻게 대응하고 있을까? 네이버쇼핑의 2020년 거래액은 26조 원으로 국내 전자 상거래 시장에서 17.4%의 1위 점유율을 보이고 있는 상태로 2025년까지 30%로 끌어올리겠다는 계획이다(이완기, 2021). 그러나 직접 물건을 구매하고 있다가 판매를 하여 물건 가격 전체가 매출로 잡히는 쿠팡과 달리, 네이버쇼핑은 중개 수수료로 수익을 올리기 때문에 구체적인 협력관계가 필요한데, 이를 신세계, CJ대한통운과의 협력체제로 신선 식품과 배송 등 시장 영역을 강화하기 시작했다. 쿠팡 역시 쿠팡이츠를 서비스 전략으로 내세우면서, 앱을 통한 쿠팡 음식 배달업 사업에 뛰어들었다. 수수료 극대화를 위해 대부분의 배달 노동자들이 여러 개의 주문을 모아서 한꺼번에 배달하는 것과 달리 하나의 주문만을 배달하는 것을 강점으로 내세우며 시장을 파고들었다. 배달의민족은 B마트라고 하는 소규모 상품 배달을 비롯한 마트의 영역에 뛰어들었다. 그리고 도심 속 물류창고를 만들어 직접 생필품 배달에 나서고 있다. 이른바 마이크로 풀필먼트 센터micro fulfilment center를 만들어서, 도심 거점에서 소비자에게 빠르게 배송하는 것이다(김은령, 2021). 기존 오프라인 매장을 가진 대형마트와 함께, 배달업체들도 온라인과 오프라인을 뒤섞으며, 사업 영역의 절대 강자란 없다는 듯이 모두가 경쟁하는 체제로 변화하고 있다.

4) 신산업과 신기술: 신성장의 동력이 되는 기술-제조업의 부상

2021년 1월 11일 현대자동차 주가의 최고치는 28만 7천 원을 기록한다. 1월 7일날 종가가 20만 9천 원이었으니, 2거래일 만에 30% 이상 상승한 것. 이렇게 끌어올린 것은 애플카 소식이었다. 현대자동차가 애플과 협력하여 자율주행 전기차를 만들지도 모른다는 것이었다. 휴대폰 플랫폼으로 생태계를 만들어 모든 것을 연결하는 IT 기업과 자율주행 전기차 생산 및 개발에 박차를 가하는 전통 제조업 기업이 만난다는 소식에 기대감이 크게 부풀어 올랐던 것이다. 물론 그 이후 애플카 생산 협력에 관한 설왕설래가 이어지고 애플이 단독으로 만든다는 이야기 등 여러 가지 이야기가 무성한 채로 해프닝이 되었다(그리고 그 이후 현대자동차 주가가 수개월간 어떻게 되었는지는 여러분이 한번 찾아보시라).

바이든 미국 대통령은 2021년 1월 21일 취임하자마자 파리기후협약 복귀를 담은 행정명령에 서명하였다. 유럽은 7월 14일 국경을 넘는 탄소에 세금을 매기기로 했다. EU 역내로 수입되는 제품이 역내 제품보다 탄소 배출이 많으면 세금을 부과한다는 것이다. EU는 아예 2035년부터는 신규 휘발유 및 디젤 차량 판매를 사실상 금지하는 계획을 발표했다(이빌찬, 2021). 바야흐로 환경과 관련된 기술 및 제조, 그리고 IT 기업 플랫폼의 성장성이 이러한 흐름과 어떻게 결합할 것인가가 새로운 성장 동력이자 혁신이 되는 시대로 옮겨 가고 있다.

고용 측면에서 보면 우리나라는 상대적으로 이러한 흐름에서 비교적 긍정적인 영향을 받고 있다고 볼 수 있다. 새로운 기술을 개발하고 새로운 기술에 기반한 제품을 만들려면 신규 투자가 있어야 하고 생산 시설이 확충되어야 하기 때문에 당연히 고용이 늘어나야 한다. 그런데, 우리나라는 전기차에 들어가는 배터리 2차 전지 강국이고, 반도체 강국이며, 또한 앞서 보았듯 자동차 제조업 강국이다. 기업들도 꾸준히 준비를 해 와서 새로운 혁신 바람에 올라탈 수 있는 세계적 수준의 기술도 갖추었다.

그런데 문제는 이러한 투자와 고용이 우리나라가 아니라,

주요 수출국 현지에서 만들어져야 한다는 것. 삼성전자는 반도체 주문을 받아서 생산해 주는 파운더리foundary 생산 기지를 미국에 투자하여 만들 예정이고, 우리나라 2차 전지 회사인 LG에너지솔루션, SK이노베이션도 모두 미국 투자를 결정했다. 이에 따라 국내 2차 전지 소재 기업인 에코프로비엠도 미국 현지에 생산 시설을 구축할 예정이다. 이미 에코프로비엠은 유럽에 2025년까지 생산량 11만 톤의 양극재 생산 공장을 짓겠다는 계획도 언급했다(장상유, 2021).

전통 제조업에서 '그린'이 강조되는 친환경 주제가 산업 성장과 주식시장의 화제가 되는 동안, 또 다른 그린인 디지털 기술 기업들은 발전해 가는 인공지능 기술과 데이터 분석 역량을 높이기 위한 인력 양성과 채용에 더 열을 올리기 시작했다. 새로운 개발자 인력과 기술 인력이 필요하게 되었는데, 개발자가 부족하니 인력난을 겪는 기술 기업들이 많아졌고, 기존 인력이 다른 곳으로 이직하지 않게 하기 위한 연봉 인상 등이 나타났다. 게임업계에서 첫 스타트가 나왔다. 넥슨은 2021년 2월 재직 중인 직원들의 연봉을 800만 원씩 일괄 인상했다. '배틀그라운드'라는 게임으로 유명한 크래프톤은 개발직군의 연봉을 일괄적으로 2,000만 원 인상했다(홍지인, 2021). 앞서 이야기한 유통 기업의 온라인 전환도 갑자기 이루어진 것이 아니라 IT 개발자 인력의 채용을 대규모로 늘리면서 나타난 것이다.

올리브영, 이랜드, 신세계이마트, 마켓컬리 모두 기술 인력 채용을 늘렸다(김소윤, 2021). 쿠팡은 심지어 5년 차 이상 경력직 개발자에게 계약 성료에 대한 보상으로 사이닝 보너스signing bonus를 약 5천만 원 제시하기도 했다. 정보기술 플랫폼 기업의 대규모 채용 역시 실력만 갖추면 최고 대우라는 공고를 내걸고 개발자들을 모집 중이다. 그래도 여전히 개발자 인력난이 심하다는 이야기가 나오게 되자, 정부는 2025년까지 소프트웨어 인재를 41만 3천 명 양성하겠다고 발표한다(고용노동부, 2021).

인공지능과 관련된 기업의 인기는 주식시장에서도 나타났다. 인공지능을 활용한 계산에 많이 활용되는 그래픽카드 칩(GPU)을 만드는 미국 엔비디아NVIDIA 주가는 2020년 3월 20일(분할 이후 가격으로 계산하여) 최저가 51.44달러였는데, 2021년 8월 30일 기준 228.43달러로 5개월 만에 무려 4.4배나 올랐다. 전기차를 생산하는 테슬라는 자율주행 기술이 뛰어난 것으로 알려졌는데 테슬라 CEO인 일론 머스크는 테슬라가 AI, 로봇회사라 불리길 원할 정도다. 물론, 테슬라 주가 역시 2020년 3월 16일 85달러 수준에서 2021년 1월 주식분할 전 880달러 고점까지 10배 이상 올랐다. 자동차 회사들의 인공지능과 로봇에 대한 관심은 현대자동차에서도 드러난다. 현대자동차는 로봇회사 보스턴 다이내믹스를 1조 원에 인수했다.

그러니까 친환경, 제조업, 인공지능, 기술의 네 가지가 새로운 성장 동력으로 부각되면서 이를 뒷받침할 수 있는 투자와 인력 확충 등이 지속적으로 이루어지고 있고, 금융시장은 이들의 성장 잠재력을 높이 평가하며 더 멀리 달려가고 있는 셈이다.

2.　　코로나19 시대의 노동-경제 세계

1) 플랫폼과 노동: 변화의 시작

지금까지 살펴본 사항들을 정리하여 보자. 우선, 플랫폼과 인공지능 등 기술과 관련된 성장세가 두드러지고 있으며, 이와 관련된 인력들의 수요가 증가하고 있다. 그리고 서비스들을 통합하여 특정한 플랫폼 내로 수용하는 혁신이 나타나고 있다. 여기서 플랫폼은 단순히 스마트폰 내의 앱이 아니라 온-오프 유통을 통합시키는 식의 통합서비스 전체를 의미한다. 스마트폰 앱은 그러한 연결을 만들어 내는 수단일 뿐이다. 당연히 하나의 플랫폼 내 다양한 앱과 소프트웨어 프로그램이 존재한다. 예를 들어, 주문하는 사람의 앱과 배송하는 사람의 앱, 그리고 주문받는 사람의 앱은 다르다. 플랫폼은 이러한 여러 가지 수단 및 도구들을 각각의 사용자와 회사, 공공기관 등 모든 관련자들의 상호작용을 조직화하는 방식으로 설계한 디지털 설계도의 역할을 한다(J. Van Dijck et al., 2018). 따라서 플랫폼은 관련 모든 데이터를 통합시키고 분석하여 새로운 서비스를 개발하는 데 매우 중요한 요소다. 구글의 예를 들어 보면, 구글은 지메일, 구글 드라이브, 구글 캘린더 등 서비스 통합을 통해, 사람들의 활동 기록을 활용할 수 있는 데이터를 확보하고 있고 이를 활용하여 다양한 비즈니스를 한다. 애플은 아예 소프트웨어와 하드웨어를 통합시키는 플랫폼 생태계를 만들어서, 애플 제품이 아닌 다른 제품에서는 애플의 소프트웨어를 쓰는 것이 무의미하게 만들었다. 생태계 내 모든 것들이 연동되는 시스템인데 이것이 하드웨어와 결합되어 있으니, 해당 하드웨어를 사야 하는 것이다.

이러한 ICT 기술 플랫폼과 관련된 노동을 언급할 때에는 간략하게 세 가지 방향으로 이야기할 수 있다. 첫 번째는 노동 수요 구조로 데이터를 만들어 내는 노동과 데이터를 분석하는 노동이다. 먼저 데이터를 만들어 내는 노동은 실제로 플랫폼 체계 내의 노동을 수행하는 역할을 말한다. 배민라이더스라든가, 우버 운전자, 배송하는 직원 모두 데이터를 만들어 내는 역할을 한다. 반면, 보다 효율적인 배송 경로를 만든다든지, 배차 알고리즘의 성능을 올린다든지 등 데이터를 분석하는 노동이 있다. 코로나19 이후에는 두 가지 방식의 노동 모두에 대한 수요가 증가하였다. 그런데 데이터를 만들어 내는, 플랫폼 체계 내 노동을 수행하는 노동은 수급에 커다란 문제가 없었던 반면, 데이터를 분석하는 역할에 대한 노동은 아직까지 부족한 상황으로 나타나고 있다. 그러면, 마스크 대란과 관련된 가격 추이에서 보았듯이, 앞으로 인공지능 관련 개발자와 같은 데이터를 분석하고 새로운 알고리즘을 만들어 내는 업종의 종사자들은 현재도 상대적으로 높은 가치이지만 더욱더 높은 가치를 가지게 될 것이라 예상할 수 있다. 그리고 정부는 여러 가지 지원책을 가지고 적극적으로 이와 관련된 인력을 배출하고자 노력할 것이고, 이들 인력이 교육을 받고 실제로 훌륭한 인력이 되기까지 시간은 걸리겠지만, 이러한 교육을 받고 개발자가 되기까지 생계를 유지하고 교육에 시간을 투여할 수 있는 여력이 되는 사람들은 크게 성장할 수 있는 기회가 열리고 있다고 볼 수 있다. 반면에 데이터가 되는 노동을 수행하는 사람들은 노동을 수행하는 데 있어서 데이터를 분석하는 사람들보다 더욱더 장기간의 훈련을 필요로 하지 않기 때문에 쉽게 대체될 수 있으며, 보다 나은 숙련도나 효율성을 나타내는 기기 또는 새로운 인력풀의 확대로 인해 노동의 값어치가 더욱더 낮아질 가능성이 있다. 그리고 이들 대부분에게는 교육을 받

을 수 있는 시간 자체가 럭셔리^{luxury}다. 거칠게 말해 배달로 생
계유지하기 바쁜데 무슨 교육이냐는 것. 더군다나 오토바이나
심지어 공유 킥보드 등 마이크로 모빌리티가 확대되면서 누구
나 배달이 가능해지고 있어, 이들 노동의 경쟁이 더욱 심화되
고 있다. 거기에 노동 인력이 많아지니 처우 역시 악화되고 프
로모션도 없어지는 추세인데 교육이 가능하겠냐는 것이다.

두 번째로 정리할 수 있는 것은 치열해지는 플랫폼 기업과
기존 기업 간 경쟁이 다른 업종에 있던 사람들에게까지 영향
을 미치게 되는 경쟁 구조이다. 특히 중간 지대가 없어지고 양
극단에 있는 것처럼 보이던 사업 영역이 중간 지대를 없애면
서 플랫폼 기반 사업들이 성장하는 것이다. 유통 기업들로 예
를 들어 보면, 기존의 사업 영역을 온라인으로 확대하면서 배
송을 기반으로 성장하는 온라인 오프라인 연계 전략을 수행하
고 있는데, 배달의민족 역시 동일한 전략으로 B마트를 열었다.
그런데, 배달의민족은 기존 대형마트가 아니라, 편의점을 대체
하는 전략을 들고 나왔다. 그러면서 편의점을 운영하는 기업
및 자영업자들과 경쟁하는 구도가 형성되었다. 그 결과 대형
마트를 향한 골목상권 자영업자의 경쟁 대상이 쿠팡과 배달의
민족으로 향하고 투쟁을 선언하는 변화도 나왔다(박수지, 2021).
결과적으로 대형마트의 온라인 확대는 상권을 확대하는 전략
이 된 셈이어서, 중간 규모의 동네 시장이나 상점과 경쟁하는

양상이었는데, 배달의민족이나 쿠팡 등의 생필품 마트 전략은 대형마트가 수용하는 영역을 비껴 나가면서 직접적으로 소비자와 연결하면서 소품종이라도 배달하는 형태로 들고 나왔으니, 이제 편의점들이 경쟁에 몰리게 된다. 마트에 쫓기고 배달의민족에 쫓기면서 자영업자들이 내몰리게 되는 상황과 비슷하게 전개되는 것이다. 조직 생태학에서 전형적으로 말하는, 위에서 치이고 아래에서 쫓기는 이중의 압박을 중간에서 느끼게 되는 구조가 만들어지는 것이다.

세 번째는 플랫폼으로 인한 전반적인 노동 사회의 변화이다. 직업 구조가 전반적인 변화의 흐름 앞에 놓여 있다는 것이다. 자율주행차만 생각해 봐도 그렇다. 자율주행차가 나오게 되면 우선 버스나 택시 등 운송 관련 기사 자리가 없어지게 된다. 마찬가지로 배달 서비스 자체도 자율주행차가 상당 부분 대신할 수 있다. 자율주행차가 먼 미래라고 생각할 수 있지만 당장 도입된다고 보면 지금의 구조에서도 엄청난 변화가 예상된다. 마찬가지로, 현재의 플랫폼이 지속 가능한 사업 모델이 되기 위해서는 이러한 서비스에 사람들과 정부 그리고 제도 등이 뒷받침되어서 엄청난 규모의 구조적 변화가 오기 전까지 현재의 구조를 유지하거나 미래를 대비하는 구조 변화에 대한 대응이 나타나야 한다. 음식 배달을 놓고 보면 현재의 구조를 유지하기 위해서는 음식을 만들어 공급하는 자영업자들이 지속 가능해야 한다. 택시 모빌리티와 관련된 사업에서는 택시라는 사업이 지속 가능해야 한다. 배달 노동력으로 보면 지금보다 더 많은 인력이 필요한 상황이 되어야 배달 플랫폼이 성장하는 것이 된다. 적어도 기계로 대체되기 전에는 그렇다. 그리고 알고리즘 기반 고급 개발자 인력이 있어야 효율화가 가능한데 이러한 인력도 필요하다. 이미 첨단산업 및 녹색산업과 관련된 부분에서 신생 직업이 대거 등장하고 있던 것은 10년 전부터 지적되던 일이었는데(김동규, 2012), 더 가속화될 가능성이 높다. 어디선가 공급이 증대되어야 한다는 이야기는 어디선가에서는 줄어들어야 한다는 이야기가 된다. 더군다나 고령화 사회로 출산율이 낮은 수준인 우리나라는 더욱 그렇다. 앞선 유통업체들의 구조조정에서처럼 없어지는 자리가 생긴다. 문제는 그런 일자리가 어디이고, 거기에 있는 사람들은 어떻게 되느냐이다.

자, 그럼 이러한 변화는 코로나19로 인해 더 가속화될까? 그 이전에는 어떻게 변해 왔을까? 플랫폼 노동이 지속 가능할까? 코로나19로 인해 급부상한 직업들이 지속되면 좋은 사회가 될 수 있을까? 지금까지 추세는 어떠했을까? 과거의 데이터부터 살펴보도록 하자.

2) 코로나19 이전의 상황: 비정규직의 확대와 포화된 자영업 시장

플랫폼 노동이 사회적 관심으로 대두되기 이전부터, 비정규직을 둘러싼 갈등이 높았다. 그리고 젊은 세대가 성장하고 부를 축적할 수 있는 기회를 주어야 하는데, 사회적으로 보장을 하지 않으니 비트코인을 비롯한 암호화폐 투자로 몰려간다는 담론이 나오고 있었다. 코로나19 이전 시기부터 20~30대 가상화폐 투자자는 전체 투자자의 절반이 넘는 비율을 보였는데, 전문가들은 임금 격차나 취업난 등 현실적인 경제적 어려움이 가상화폐를 통한 투자를 유일한 재테크 기회로 여기게 만들었다고 입 모아 언급하였다(이세미, 2021).

그럼 20대의 경제적 기회 추세는 어떠하였을까? 다음 그래프를 보면, 20대의 실업률이 2014년부터 급격히 상승하기 시작하여 2017년에 거의 10%까지 올라갔다가 그 후 9% 수준을 유지하고 있다. 공교롭게도 비트코인의 1차 고점이었던 2017년 12월 15일 비트코인은 2천만 원을 넘겼다. 물론, 그 뒤 거의 3년이라는 기간 동안 전 고점을 돌파하지 못한 상태로 그 아래 가격을 밑돌았지만, 비트코인 고점에 청년들의 실업률 고점도 함께했다. 반면에 30대, 40대의 실업률은 2014년 이후 상승하긴 했으나, 각각 3%, 2%대에 머무르고 있다. 시계를 뒤로 돌려보면, 현재 30대가 20대일 때인 2010년의 20대 실업률은 7.7%였고, 더 뒤로 돌려 IMF 영향에서 자유롭지 않던 현재 40대가

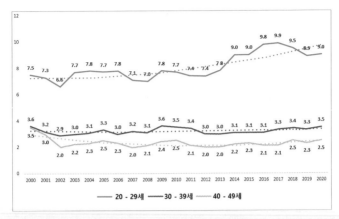

그림 4 2000~2020년 연령별 실업률 추세(출처: 통계청, 2021e)

20대였을 때인, 2000년의 20대 실업률은 7.5%였다. 그러니까, 그 어렵다는 IMF 시대와, 서브프라임 모기지로 인한 급격한 환율 상승으로 경제 충격이 채 가시지 않은 시점보다 현재 젊은 세대의 실업률이 훨씬 높은 실업률이다.

취직한 일자리는 안정적이었을까? 비정규직 비율을 보면, 20대는 2000년대 초반만 해도 40대보다는 비정규직 비율이 낮았지만, 2018년에는 40대보다 비정규직 비율이 높았다. 2018년 40대의 비정규직 비율은 25.3%였는데, 20대는 32.3%였다. 통계 측정 방법이 변하여 직접적으로 비교할 수는 없지만, 2019년 그리고 2020년의 20대 비정규직 비율은 약 38%다. 30대의 약 23%, 40대의 약 27%에 비하면 각각 1.7배, 1.4배나

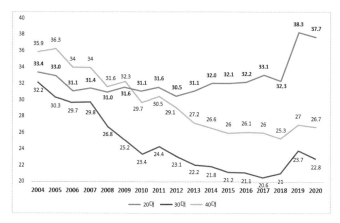

그림 5 2004~2020년 연령별 비정규직 추세(출처: 통계청, 2021d)

높다. 20대의 비정규직 비율이 20, 30, 40대 사이에서 가장 높아진 것은 2010년으로 이때부터 줄곧 20대의 비정규직 비율이 다른 30대나 40대보다 더 높아진 상태로 유지되었고, 그 격차도 갈수록 커지고 있다.

하지만, 비정규직이 늘었다고 해서 모든 직종에서 나쁜 것은 아니었다. 통계청 자료에 따르면, 2009년부터 2019년까지 20대 근로자 전체에서 전문가 및 관련 종사자 지위에 있는 근로자 비율은 점차적으로 증가하였다. 다만 사무 종사자의 비중이 줄어들었고, 서비스 종사자 및 판매 종사자의 비중이 늘어났다. 기능원 및 장치, 기계 조작, 조립 종사자 비중 역시 줄어들고 있다. 그러니까, 20대의 근로 업종을 보면 이들이 근무하는 업종에서 제조업이 줄고 서비스 판매 직종이 늘어남과 동시에 사무 종사자의 일부는 전문가 및 관련 종사자가 되었다는 것이다. 상대적인 임금으로 볼 때 근로 지위가 올라간 사람도 있으나, 판매 및 서비스업으로 낮아진 경우도 있다는 것이다. 직종별 연령에 따른 임금과 전문가 및 관련직에 있는 20대들의 분포를 보면, 높은 소득을 올리는 이들의 분포는 지속적으로 상승한 반면, 서비스 및 판매직에 있는 20대는 그렇지 못하였다. 20대 내 소득 불평등은 이미 10여년 전부터 나타난 경향으로 볼 수 있는 것이다.

연령을 벗어나서 학력별로 보면, 코로나19 이전 2018년 기준으로 전체 비정규직의 67%를 고졸 이하 학력이 차지하고 전문대졸은 10.7% 그리고 대졸 이상은 22.2%를 차지했다(임용빈·이기쁨, 2018). 즉 비정규직의 3분의 2가량이 고졸 이하의 학력을 가진 셈이다.

코로나19 이전부터 자영업자와 10인 미만의 사업자로서 광업, 제조업, 건설업 및 운수업을 제외한 업종의 경우는 5인 미만을 고용한 사업자를 말하는 소상공인은 그 내부 경쟁이 치열했다. 통계청은 2017년 현재 소상공인 사업체 수는 총 사업체 대비 85.3%이고, 종사자 수는 총 종사자 수 대비 36.8%를 차지한다고 언급하면서, "자영업 창업과 함께 경쟁 격화로 인한 퇴출이 동시에 진행되면서, 소상공인 분야에서의 고용 창

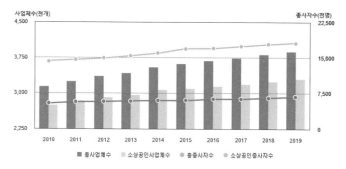

그림 6 2010~2019년 소상공인 현황(출처: 통계청, 2021f)

그림 7 2010~2020년 자영업자 현황(출처: 통계청, 2021i)

출 및 흡수를 위한 추가 여력이 부족하다"라고 밝히고 있다(통계청, 2021f).

자영업자 역시 전체 취업자에서 그 비중이 감소하고 있는데, "2002년 최고치 기록 이후 과당경쟁으로 감소 추세"라 언급하고 있다(통계청, 2021i). 특히 고용원이 있는 자영업자의 경우 2019년 대비 10.8% 이상 감소하여 코로나19의 영향을 가장 직접적으로 받았다.

그러니까, 자영업자와 소상공인은 극심한 경쟁에 시달리면서, 정체 또는 감소세를 겪고 있었던 것이 코로나19 이전의 상황이었다. 이미 자영업자와 소상공인은 경쟁 심화로 인해 그 지속 가능성이 의심되는 상황에 놓여 있었다.

이미 코로나19 이전부터 20대가 가지는 비정규직의 압박감 그리고 고임금 노동자와 저임금 노동자로 양분되는 노동시장의 격차, 포화된 자영업자 시장 등이 나타나고 있는 상태에서 코로나19가 닥쳐온 것이다.

3) 배달 플랫폼 노동 종사자의 임금

배달 플랫폼으로 1억을 번다는 이야기가 돌면서 화제가 된 적이 있다(박지윤, 2020). 이후 기자들이 여기저기서 직접 배달을 경험해 보고 기사를 쓰는 것이 유행이 될 정도였다. 과연 1억이 가능할까?

지난 2020년 11월 19일 국회에서는 전국 배달 노동자 노동 실태분석 결과가 발표되었다. 분석 자료에 따르면, 플랫폼 배달 앱 배달 노동자는 97%가 남성이었으며, 20대가 28.1%, 30대가 36.35%, 40대가 23.5%였고, 고등학력 졸업 이하 학력이 63.4%를 차지했다(더불어민주당 을지로위원회, 2020). 전체 절반이 넘는 50.4%의 노동자는 경력이 3년 미만인 종사자였는데, 평균을 내어 보니 평균 근속 기간은 4.3년으로 대부분 생계업이지 단기 알바로 하는 것은 아니었다.

배달 플랫폼 노동자의 각종 비용 계산 이전 매출은 256만 원 정도였는데, 여기서 배달 앱의 평균 수수료가 대략 38만 원 정도 하는 것으로 나타났고, 이를 제하면 배달 앱으로 인한 순매출은 218만 원 정도였다. 그런데, 218만 원을 벌기 위해서는 일주일에 하루 평균 10시간씩 6일 동안 일을 해야 하며, 그 기간 동안 하루 평균 34건의 배달 일을 해야 한다는 계산이 나왔다. 물론, 여기에는 배달을 받기 위해 하염없이 대기해야 한다든가, 배달 시간이 식사 시간대에 몰려 있어서, 해당 타임을 놓치지 않기 위해 집중적으로 빠르게 움직여야 하는 등의 사항을 고려해야 한다. 그리고 보험료나, 배달용 오토바이 구매비 또는 대여할 경우의 수수료는 생각하지 않은 것이고, 일부 도시 지역에서나 꾸준한 배달이 가능하다는 점은 제외하고 볼 수 있다. 언급한 부대비용은 대략 30~40만 원 선으로 알려지고 있는데, 그러면 평균 순수입은 170만 원대로 나타난다. 안정적이지는 않겠지만 이를 연봉으로 환산하면 약 2천만 원대 수입을 올리는 직업인 셈이다. 보너스나 상여금은 없고, 연차와 같은 휴가 개념도 없으며 사고라도 한번 나면 손해가 크다는 점을 고려할 필요가 있다.

부대비용 이전, 순수 매출 기준인 218만 원을 학력에 따른 월 임금 총액으로 비교해 보면, 2009년 전국 규모로 30~34세 고졸 학력의 평균 임금 정도가 되며, 2017년 중졸 이하 학력의 월 임금 총액 평균 수준이 된다. 2017년 전 연령대 고졸 학력의 평균 임금은 278만 원 정도였는데, 조사가 이루어진 2020년의 고졸 학력의 25~29세 평균 월 임금 총액은 259만 원이었고, 30~34세 평균은 283만 원 정도였다. 2020년 대졸 이상 25~29세 평균 임금은 305만 원이고, 30~34세는 379만 원이다(통계청, 2021a).

앞선 조사를 기준으로 배달 앱 배달 노동자 연령대를 대략 30~34세로 보면 이들이 한 달에 벌어들이는 수입은 해당 연령대의 대졸 이상 노동자 전체 월 임금 평균 대비 57.5% 수준인 셈이다. 고졸 30~34세 평균 임금이 해당 연령 대졸 평균 임금의 74.6% 수준이니까, 이들이 버는 돈은 생계유지를 위한 정도가 되는 셈이다. 모든 노동이 동일하지 않고 노동 강도도 다르며, 그에 따라 지급받는 금액도 다르므로 직종 간 직접적인 비교는 어렵고 배달 노동자가 받는 임금이 이 정도 수준이다라고 이해하면 될 것이다. 여기서 관심은 이들이 얼마를 받는 것이 아니라, 이 직종이 도심에서 생계형으로 지속 가능한 직종인가의 여부인데, 지속 가능할까?

월 평균 소득에 대한 다른 조사에서도 음식배달기사의 월 평균 소득은 189만 원 정도로 조사되어, 대부분 170~180만 원 사이 정도로 보는 것이 맞는 것으로 보인다. 경기연구원의 조사에 따르면, 음식배달기사는 월 평균 소득이 약 189만 원 정도였고, 대리운전기사는 약 132만 원, 그리고 IT개발 및 프로그래밍 프리랜서는 277만 원으로 나타났다(김은경, 2020). 이 조사에 나타난 금액을 다른 조사와 비교해 보면 실수령액으로 여길 수 있을 것으로 보이는데, 참고할 점은 IT개발 및 프로그래밍의 실수령액은 277만 원인데, 잡코리아의 실수령액 계산기[4]로 계산해 보면 원래 세전 수입은 식대 10만 원을 포함하여 대략 310만 원 정도 수준이 된다. 2020년 기준 25~29세 대졸 평균 월 임금인 306만 원과 비슷한 수준으로 볼 수 있으니, IT개발 및 프로그래밍 프리랜서는 배달 앱 노동자보다는 생활이 더 되는 수준으로 번다고 할 수 있다.

그럼 만약 플랫폼 배달 노동자가 버는 수준을 택배 노동자라든가 플랫폼 관련 업종에 종사하는 사람들이 버는 수준이라 생각한다면, 생계가 가능할까? 이에 관한 힌트는 의외로 스타벅스에서 얻을 수 있다. 국민연금 기준으로 기업들의 연봉 수준을 빅데이터로 보여 주는 크레딧잡 사이트에서 스타벅스커피 코리아로 검색하면 예상 평균 임금이 2,789만 원으로 나온

---

4 잡코리아 연봉계산기. https://www.jobkorea.co.kr/service/user/tool/incomepaycalc

다. 흥미로운 사실은 그다음에 나오는데, 2015년 11월 기준 평균 급여가 140만 원가량이었던 스타벅스의 평균 급여는 2020년이 되어서야 200만 원 수준에 도달했다. 평균 급여이니까, 데이터 사이언티스트가 있는 스타벅스커피 코리아임을 생각해 보면, 실제 바리스타의 수령액은 이보다 더 적을 가능성이 높다. 알려진 바에 따르면, 스타벅스커피 코리아의 슈퍼바이저는 주 5일 7시간 근무로 월급 180만 원 전후를 받는다고 한다(윤희정, 2020).[5] 스타벅스 근무자들의 댓글에 따르면, 적어도 서울에서는 이 금액만으로는 기본 생활 외에 다른 생활이 불가능하다. 그도 그럴 것이, 가족과 같이 살지 않는다면 일단 주거비와 식비에서 큰 지출이 발생할 것이라 예상할 수 있다.

2021년 기준 중위소득 최저생계비는 1인 가구 기준 183만원, 2인 가구는 310만 원이다(보건복지부 기초생활보장과, 2020). 그러니까 스타벅스의 소득은 1인 가구 소득에 맞추어져 있는 셈으로, 이른바 싱글 젊은이들로서는 생활할 수 있지만, 가정을 이루는 데는 어려움이 든다고 볼 수 있다. 물론 맞벌이로 살면 다른 이야기이기는 하다. 그래도 부동산, 내 집 마련은 매우 어려운 일이다. 참고로 스타벅스커피 코리아의 파트너 평균 연

---

5 네이버 블로그 '중로의 블로그'의 2021년 11월 2일 자 다음 글 참조(작성자: 스타벅스), "2021년 스타벅스 바리스타, 슈퍼바이저 시급 및 월급 공개." https://blog.naver.com/PostList.naver?blogId=gjtmddnjs11&categoryNo=6

령은 29세로 알려져 있다(김아름내·박우선, 2019).

하지만 무엇보다 배달 앱 플랫폼 노동자에게 힘든 점은 이러한 임금이 앞으로 더 나아지기 위해서는 여러 가지 조건이 필요한데, 지속적으로 예비 노동력이 파트타임 형식으로 투입되다 보니 경쟁이 더욱 치열해져 임금 상승이 어려워지고 있다는 것이다. 이에 대해서는 2장에서 조금 살펴볼 예정이다.

4) 자영업자와 개발자: 격차, 격차, 격차

자영업자의 경우는 어떤 업종인가에 따라 코로나19의 영향이 달랐다. 한국은행의 자료에 따르면, 도소매, 숙박, 음식, 교육 등 대면 서비스업의 경우 고용 상황이 큰 폭으로 악화된 반면, 택배 등 운수 창고업은 고용이 큰 폭 증가하였다(오삼일 외, 2021). 주로 고용원이 있는 자영업자에게 충격이 집중되면서 연령으로는 40~50대 자영업자 수가 가장 많이 감소하였다. 한국은행은 이러한 충격은 외환위기급이라고 평가하면서, 팬데믹이 끝나더라도 충격이 지속될 것이라 전망했다.

코로나19 이후 자영업자의 수입 변화를 보면, 2019년 수입이 있다고 응답한 자영업자가 전체 88.4%이고, 적자를 보고 있다는 응답은 8.4%였는데, 2020년에는 수입이 있다고 응답한 비중이 85.6%로 줄고, 적자를 보고 있다는 응답은 13%로 증가했다(통계청, 2021h). 월 평균 소득 수준으로 보면 2019년에 100만 원 미만인 경우는 22.2%였는데, 2020년에 28.6%로 증가하였고, 100만 원 이상 300만 원 미만이라 응답한 비중은 56%에서 42.6%로 감소하였다.

흥미로운 것은 자영업자 일부는 100만 원 미만 소득으로 떨어진 반면 일부는 오히려 300만 원에서 500만 원 미만 소득 범주로 올라간 것이다. 2019년 해당 범주의 자영업자는 17.4%였는데, 2020년에는 23%로 증가하였다. 500만 원 이상인 경우 역시 2019년에는 4.4%였는데, 2020년에는 5.7%로 증가했다.

결과적으로 중간계층에서 양극단으로 소득 분포가 밀려나는, 잘되는 집은 잘되고 안되는 집은 안되는, 중간계층이 사라지는 전형적인 조직 생태학의 모습이 나타났다. 자영업자 내에서도 소득이 급격히 줄어든 계층이 있는 반면에 소득이 증가한 경우가 있는데, 이러한 변화가 가장 크게 나타난 것이 월 300만 원에서 500만 원 사이를 벌던 자영업자들이다. 중간에서 탈락하여 쪽박을 치게 되느냐, 중간에서 대박을 치고 올라가느냐로 갈린 것이다.

배달 앱 활용을 보면 2018년 기준 배달 앱 또는 배달 대행 앱을 활용하는 경우는 전체의 13%에 불과하였는데, 2020년에는 35.3%로 2.7배 이상 증가하였다(통계청, 2021b). 배달 앱 또는 배달 대행 앱에 지출하는 비용은 2018년에 한 해 평균 72만 원 정도였는데, 2020년에는 150만 원으로 약 2.1배 증가하였다.

2018년에는 중식이 배달 앱이나 배달 대행을 활용하는 경우가 다른 음식에 비해 압도적이었는데, 2020년에는 일식과 서양식 역시 이에 못지않게 성장했다. 이는 전통적인 배달 음식으로 여겨졌던 시장에서 배달이 아닌 직접 가서 먹는 음식이었던 서양식, 일식, 한식이 배달되는 것으로 그야말로 전 업종 음식 간의 경쟁으로 확대된 것으로 볼 수 있다. 피자나 중식 배달 경쟁이 아니라 모든 음식들 간 경쟁이 개시된 것이다. 프랜차이즈인 경우, 배달 앱과 배달 대행을 활용하는 경우가 비프랜차이즈에 비해서 가파르게 성장했는데, 배달의민족과 같은 플랫폼뿐만 아니라 자체 개발한 앱을 활용하여 배달하는 전략을 모두 활용한 셈이다. 그러니까 배달 앱을 활용한 성장 역시 매우 불균형적이었다는 것이다.

고용과 관련된 불균등한 성장을 보기 위해 개발자를 살펴보자. 코로나19로 인해 부흥한 개발자의 연령대는 어떠하고 연봉은 얼마나 될까? 통계청에 따르면 개발자는 95%가 대졸 이상으로, 30대가 38%, 40대가 32%, 그리고 29세 이하가 20.3%로 나타나고 있다(박민제 외, 2021). 40대 이상 개발자는 거의 찾아보기 힘들고, 있어도 관리직인 셈. 중소기업 개발자 초봉은 2,500만 원 정도이지만 기술을 잘 익혀 경력이 쌓이면 5~6년 차에 5천만 원 이상을 받을 수 있는 직종이기도 하다(심서현·박민제, 2021).

실제 한국소프트웨어산업협회에서 조사한 2020년 SW 기술자 임금실태조사에 따르면, SW 전 직종 월 평균 임금 수치의 전체 평균은 740만 원이었고, 하위 20%의 평균은 392만 원, 상위 20%의 평균은 1,167만 원이었다(한국소프트웨어산업협회 산업정책실, 2020). 젊은 20대 개발자들이 경력 초입에 있기 때문에 하위 20%에 속한다고 보면, 전체 노동자의 대졸 이상 30~34세(월 379만 원)와 35~39세(월 456만 원) 사이에서 30~34세 쪽에 약간 가까운 정도의 대우를 받고 있는 것이다.

배달 앱 노동자 월 평균 소득과 비교해 보면, 2배 이상 더 많은 소득을 올리는 직종이다. 참고로, 하위 SW 기술자 20%의 임금은 2021년 중위소득 기준으로 대략 3인 가구 기준 398만 원에 부합한다. 플랫폼 노동이나 스타벅스 파트너에 비해 2인 가구원을 더 부양할 수 있는 임금을 받고 있다고 이해할 수 있다. 결과적으로 젊은 세대라고 해서 모두 동일한 세대가 아니고 양극화가 극명히 나타나고 있는 것이다. 극단적으로 표현해서 스타벅스에서 파트너로 일하는 사람들은 개개인의 생계유지 정도로 받고 있지만 SW 기술자들은 부양 가족 두 명을 가진 3인 가족을 이룰 수 있다. 물론, 연봉만으로 계산한 것이고 집값, 거주 비용은 생각하지 않은 단순한 계산이다.

IT 기업의 연봉을 보면 개발자들의 임금이 어느 정도 수준인지 더욱 명확해진다. 우아한형제들의 2021년 7월 평균 급여는 460만 원, 네이버 486만 원, 카카오 442만 원이고, 코스닥 특례 상장한 벤처기업인 솔트룩스가 376만 원이다.[6] 전체 임직원 임금의 평균이니, 직군과 경력에 따라 이보다 더 적을 수도 많을 수도 있고, 하위직이 훨씬 더 많을 것이니 실제 직급에 따른 연봉은 훨씬 더 많을 것이다. 그리고 무엇보다 시간이 지날수록 연봉 상승 폭이 크게 성장하게 되는 직종이니 발전 가능성이 더욱 높다. 5년 전에 비해 2년 미만 IT 개발자의 출발 연봉이 약 65% 이상 상승하였다고 하니(원티드, 2021), IT 개발자의 연봉 시작점은 갈수록 상승하고 경력이 쌓일수록 연봉 상승 기울기 역시 매우 가파르게 증가하는 것이다. 개발자를 비롯한 데이터 분석 등 새로운 산업 관련 직종에 대한 관심이 증가한 것은 자격증 취득을 위한 시험 응시자 수에서도 알 수 있다.[7] 기초적인 자격증인 데이터 분석 준전문가 자격증의 경우 2014년 응시자 수는 1,404명에 불과하였는데, 2020년에는 14,708명으로 응시자가 10배 증가했다. 같은 기간, 데이터베이스 관련 SQL 개발자는 3,725명이었는데, 2020년에는 13,822명으로 3.7배 증가했다. 직업 전망이 좋은 곳으로 사람들이 몰리기 마련인데, 실제로 데이터분석과 개발자 관련 자격증에 사람들이 몰리고 있다.

6   크레딧잡 검색 기준. 2021년 8월 19일.
7   민간자격정보서비스 민간자격검색. https://www.pqi.or.kr/inf/qul/infQulList.do

코로나19 이후 자산 시장

1) 노동 소득 불가론: 날아가는 부동산, 걷고 있는 임금

플랫폼 노동을 통한 새로운 수입, 부업, 언택트의 활성화가 크게 화제가 되었던 작년의 또 하나의 화제를 이야기하지 않고 넘어갈 수가 없다. 바로 부동산 가격이다. 부동산은 2013년 8월 이후 수도권에서 누적 30%가량 가격이 상승했다. 아파트, 다세대, 단독 주택을 모두 망라한 동향이니 실제는 이보다 훨씬 더 상승 폭이 크다고 예상할 수 있다. 또한 조사기관에 따른 편차를 고려할 필요도 있다. 예를 들어, 지난 4년간 서울 아파트값 상승률을 두고 정부는 17%가 올랐다고 발표한 반면, 경실련은 79%로 거의 두 배 가까이 올랐다고 보는 등 차이가 크다(김수진, 2021).

하지만 가장 보수적이라고 생각될 수 있는 정부 통계로 살펴보아도 10년도 안 되는 기간 동안 30% 상승은 개인 입장에서 보면 매우 높은 상승이다. 특히, 그 단위가 '억'이라면 30%는 절대적으로 매우 큰 비율이다. 그런데, 중요한 것은 2006년부터 2013년까지는 상승과 하락이 이어지면서 전반적으로 하락을 통해 2008년 가격과 2013년 가격 차이가 수도권 내에서 5% 이내로 잡히던 시기도 있었다는 것이다. 그러던 것이

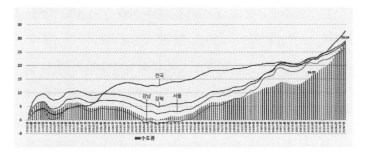

그림 8 2008년 1월~2021년 7월 월별 주택 매매가격 증감률(출처: 한국부동산원 전국주택 가격동향조사 자료 기반 제작)

2013년 이후에는 상승이 대세가 되면서, 부동산 불패론이 이어진 배경이 된다. 부동산 가격이 잠시 내려올 수는 있어도 결과적으로 지속 우상향 상승만 나타난다는 것이다. 위의 그래프를 보면, 이제는 전국적으로 상승한 정도가 동일한 수준이 된 것을 확인할 수 있다.

그럼 전세 가격은 어떠하였을까? 전세 가격을 보면 코로나 19 이후 2020년 1월부터 20개월 정도 지난 2021년 8월까지 전국 전셋값은 8.6% 상승했고, 수도권은 10.1% 상승했다(통계청, 2021j). 2021년 3월 기준 서울 아파트 평균 전셋값이 6억으로 3년 전 평균 매매가 수준이라고 보도되었으니, 불과 1년 반 남짓한 기간 동안 6억이었던 집의 전세는 6억 6천만 원이 된 것이다. 1년 반 만에 6천만 원을 마련해야 하는 상황이 된 것. 전세 대출 역시 이러한 상황을 반영해 가파르게 올랐다. 2020년

1월 '주요 5대 은행'의 전세 자금 대출 잔액은 81.9조 원이었는데, 2021년 8월에는 120조 원으로 1.5배 가까이 늘어났다. 2017년 주요 5대 은행의 전세 자금 대출 잔액이 44조 6천억 원 수준이었으니, 만 4년이 안 되어 대출 액수가 2.7배 증가한 것이다. 전국적으로 집이 자기 소유인 자가인 경우가 62.1% 정도이고 서울로 한정하면 52.6%이니, 나머지 전세를 비롯한 월세로 사는 사람들에게 이러한 금융 비용 상승은 부담이 될 수밖에 없다(통계청, 2021g).

전세 자금 상승은 젊은 층에게 더 타격이 컸다. 상대적으로 축적된 자금이 적을 수밖에 없는 20대의 경우 코로나19 이후 전월세 목적의 대출이 다른 연령대에 비해 2배 이상 증가했다(김민정, 2021). 매매 가격이 뛰고, 전세 자금이 뛰는데 임금이 올라가는 데에는 한계가 있으니 대출이 증가할 수밖에 없다. 그러면 이러한 대출 외에 방법이 있을까? 2021년 9월에 지급된 재난 지원금 중 4인 가족 기준 소득 금액은 월 878만 원이다. 그러니까, 이 기준에 따르면 전 가구의 80%에 해당하는 소득이 이 정도 금액이라는 것이다. 취업사이트에 있는 계산기로 계산하여 보면 이 정도 금액인 경우 세후 월 수령액은 713만 원 정도가 된다. 단순 계산해서 만약 이들의 임금이 1년에 10%가 뛴다고 하면 월 71만 원, 1년으로 보면 852만 원 정도의 추가 자금이 생기게 된다. 전셋값이 6천만 원 정도가 평균이라

하니, 대출 이자를 3%로 잡으면 이자가 180만 원 나가고, 그러면 연간 672만 원 정도를 더 모을 수 있게 된다.

연간 672만 원을 더 벌어서 전셋값 6천만 원을 버는 것도 시간이 걸리는데, 집을 장만하는 것은 거의 불가능에 가깝다. 단순히 전세 자금 6천만 원이라고 쳐도, 단순 계산으로 9년이 더 걸리고, 매년 임금이 10%씩 상승한다고 해도 6년이 지나야 6천 372만 원 정도를 더 모을 수 있다. 하지만, 이 추세라면 6년이 지난 후 전셋값은 또 상승해 있을 터이니, 모아서 보면 이미 가격이 다 뛰어서 출발점이고 다시 모으면 가격이 또 뛰어 있는 마치 시시포스의 바위가 된다.

그럼 부업이 대안일까? 2020년 코로나19 시기 투잡 이상을 뛴 사람이 월 평균 56만 6천 명을 돌파했다(손해용, 2021). 전년도 47만 5천 명에 비해 약 16% 증가다. 중복으로 물어본 문항에서는 직장인이 아르바이트를 하는 경우, 86.8%가 수입을 높이기 위한 목적이고, 이른바 취미가 수익이 나는 경우도 약 21.7%였다(통계청, 2020). 그러나, 모든 직장인이 같은 직장인이 아니다. 코로나19 이전 조사에서도 부업 있는 사람들이 주업에서 어떤 종사상 지위를 가지고 있는지 그리고 근로 형태는 어떤 형태인지를 물어보았더니 대부분 비정규직, 시간제, 특수고용 노동자였고, 상용직이 아닌 기간제, 일용, 자영업자 등으로 나타났다(정성미, 2017). 그러니까 정규직이 아닌 노동자들이 모두 부업 전선에 뛰어든 셈이다.

부업을 하는 사람들의 주된 일자리 임금은 부업을 하지 않는 개인보다는 상대적으로 적은 것으로 나타났다. 월 임금이 부업을 하지 않는 개인의 4분의 3 정도인데 종사상의 지위가 다른 것으로 이해된다. 즉 부업을 통해 부족한 소득을 더욱 획득하기 위한 경우가 더 많고, 자산 축적은 딴 나라 이야기인 것으로 보인다. 벌어서 남들과 비슷하게 생활하기 위한 목적이 더 크다는 것. 그러니, 부업으로 대박이 났다는 이야기는 확률적으로 로또와 거의 비슷한 느낌인 셈이다.

이처럼 노동시장에서 해결이 되지 않는다면, 남아 있는 건 금융시장을 통해 해결해 보는 방법이다. 주식과 코인이 있다.

2) 동학개미운동: 돈 복사를 노리는 사람들

동학농민운동은 1894년에 지금의 전라북도 정읍시 부근인 고부군에서 일어난 동학도들과 농민들의 무장 봉기이다. 수탈에 시달린 백성들이 탐관오리와 외세를 물리치고자 일으킨 운동이다. 2021년, 주식시장에 이른바 동학개미운동이 펼쳐졌다. 주식시장의 개인들을 일컫는 개미라는 단어와 동학운동의 합성어이다. 동학개미운동이란 이름에서 동학운동은 전라북도에 위치한 국민연금이 외국인의 매도를 떠받치며 시장을 지킨다는 의미에서 생겨난 말이다. 동학운동이 전라북도 지역에서 있었고, 국민연금 공단 중앙 본부도 전라북도에 위치하고 있으니, 누군가가 동학운동이라 부른 것이다. 여기에 개미들이 가세하면서 연기금을 비롯한 기관과 외국인들의 매도를 다 받아 매수하며 증시를 끌어올리는 것을 빗대어 동학개미운동이라는 말이 만들어졌다. 이른바 반기관, 반외국인이라는 것이 동학운동이 봉기했던 당시와 유사하다 하여 만들어진 말인 셈이다.

코로나19로 인해, 2020년 2월 14일 2,243이었던 코스피 지수가 불과 한 달 정도 지난 3월 20일 1,556을 기록하면서 무려 31% 폭락하였는데, 이때 적극적인 매수를 통해 지수를 올리면서 수익을 가져간 개미들이 있었다. 당시 2월 28일 기준으로 예수금이 31조 정도였는데, 한 달 뒤인 3월 31일에는 예수금이 38% 증가해 약 43조가 된다. 무려 한 달 만에 12조의 돈이 주식 시장으로 들어온 것이다. 그 뒤 지속적으로 상승해서 2021년 1월에는 68조까지 증가해서 코로나19 이전보다 두 배 이상 고객 예탁금이 증가했다. 2020년에 만들어진 신규 증권 계좌는 723만 개로 절반 이상인 54%가 2030세대 계좌였다(홍준기, 2021). 이어 40대가 167만 개로 19% 정도를 기록했는데, 한 조사에 따르면 25~39세의 투자 제1목표는 '주택 구입을 위한 재원 마련(31%)'이었다.

젊은 세대의 투자와 관련해서 코인 투자를 언급하지 않으

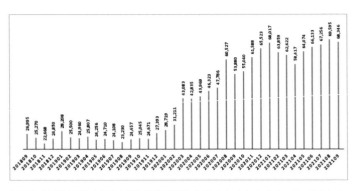

그림 9 2018년 9월~2021년 9월 고객 예탁금 추이(단위: 십억 원, 출처: 금융투자협회 자료 기반 제작)

면 서럽다. 2021년 3월 1비트코인이 7천만 원을 돌파한다. 4월에는 코인원 거래소 기준으로 장중 8천만 원을 찍기도 했다. 2020년 3월만 하더라도 5백만 원이었던 비트코인이 16배 이상 상승한 것. 2020년 3월경 천만 원을 투자했고, 정상에 있을 때 매도했으면 1억 6천만 원으로 이른바 '돈 복사'가 가능했던 시장이었으니, 투자를 안 하면 바보라는 인식이 싹텄다. 물론, 투자에 이러한 가정은 부질없는 것이기도 하다. 실제로 해당 금액으로 매수를 해서 이익을 실현하기 위해 매도를 해야 얻는 이득이다.

　열심히 일을 해도 부자가 될 수 없다는 생각이 퍼지면 무기력해질 수밖에 없다. 한 조사에 따르면(김정환, 2021), 청년의 70% 정도가 열심히 일해도 부자가 될 수 없다는 생각을 하기

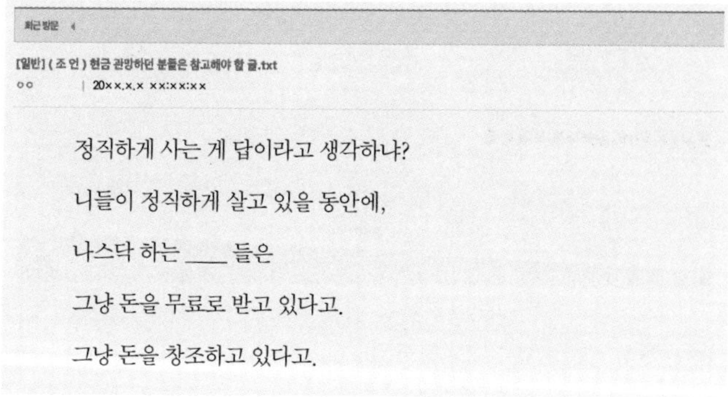

[일반] (조언) 현금 관망하던 분들은 참고해야 할 글.txt

○○ | 20×x.x.x ××:××:××

> 정직하게 사는 게 답이라고 생각하냐?
>
> 니들이 정직하게 살고 있을 동안에,
>
> 나스닥 하는 ＿＿ 들은
>
> 그냥 돈을 무료로 받고 있다고.
>
> 그냥 돈을 창조하고 있다고.

그림 10 투자 관련 짤(출처: 디시인사이드 해외주식 갤러리[8] 내용 기반 제작)

도 하며, 원하는 직장에 취업할 가능성도 낮다고 본다. 근로 의욕을 떨어뜨리는 뉴스로는 부동산 폭등이 약 25%, 물가 상승이 21.5% 정도로 나왔다. 가장 심각하다고 느끼는 한국 사회의 불평등은 역시 자산 불평등이었다. 서울 연구원의 조사에 따르면, 20~39세 사이 청년들은 자산 불평등을 가장 심각한 불평등으로 보았고, 그다음은 소득 불평등, 주거, 고용, 교육 등의 순이었다.

당연히 부동산을 통한 재산 증식에 가장 적극적인 것이 청년세대이다. 다만, 모아 둔 돈이 없기 때문에 대출 또는 부모

---

8   디시인사이드 해외주식 갤러리의 2020년 11월 6일 자 다음 글 참조(작성자: ○○), "[일반] (조언) 현금 관망하던 분들은 참고해야 할 글.txt." https://gall.dcinside.com/mgallery/board/view/?id=tenbagger&no=1492489

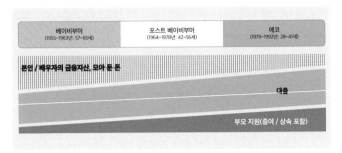

베이비부머 (1955~1963년: 57~65세)	포스트 베이비부머 (1964~1978년: 42~56세)	에코 (1979~1992년: 28~41세)

본인 / 배우자의 금융자산, 모아 둔 돈

대출

부모 지원(증여 / 상속 포함)

그림 11 초기 부동산 자산 소유를 위한 자본 마련 방식(출처: 이형찬 외, 2021)

의 증여나 상속이 아니면 부동산 자산을 구입하기 어려운 것이 문제다. 이는 그전 세대가 부동산 가격이 낮아서 본인이 모은 돈과 대출로 자산을 구매하는 것이 가능했던 시기와는 궤를 달리한다.

코로나19 이후 이러한 불평등은 더욱 심해져서, 국민순자산을 국민순소득으로 나누어 불평등을 계산하는 피케티 지수는 2019년 대비 1년 만에 10.7에서 11.4로 7.3% 상승했고, 가계부문 순자산만을 기준으로 한 지수에서는 12.7% 상승했다. 이 지수가 커질수록 국민 전체 소득 배분에서 자본의 역할이 커지기 때문에 자본 세습 사회라는 뜻이다. 역사적인 부동산 거품을 경험한 일본에서만 9.8 정도였던 피케티 지수가 우리나라에서는 11.4이니 불평등 수준이 매우 높은 것이라 볼 수 있다고 보도되었다(이대희, 2021).

3) 앞으로 생각해 보아야 할 것들

지금까지는 주로 소득이라고 하는 매우 구체적인 지표를 통해 배달 앱 플랫폼 노동, 자영업자, 개발자, 자산시장까지 관련된 현황과 변화를 살펴보았다. 이 과정에서 제조업 종사자나 개발자 외의 사무, 관리 및 교육 종사자 등의 직종에 대한 언급은 하지 않았다. 물론, 중소기업과 대기업의 복지 차이라든가 임금 차이, 그리고 이들 직종 내 정규직과 비정규직 차이도 중요한 문제이며, 성별에 따른 차별 역시 매우 중요한 사항임에 틀림이 없다.

특히 코로나19로 인하여 성별 차이가 다시 확대되는 점에 대해 우려가 많다. 예를 들어, IMF는 코로나19로 인해 성별 차이가 확대되면서 지난 30년간 노력해 온 성별 차이와 격차 해소 노력이 물거품이 될 수 있다고 경고했다(V. Tang et al., 2021). 더군다나 여성은 간호 및 사회복지 인력의 70% 이상을 차지하면서 팬데믹의 최전선에서 싸우고 있고, 소매, 관광 및 레저, 음식료, 의복 등의 영역에서 일을 하고 있는 여성 비율이 압도적으로 높기 때문에, 사회적 거리 두기 등으로 경제적 어려움을 겪고 있는 사람 중 여성이 훨씬 많고, 그로 인해 노동시장에서 직격탄을 맞았다는 것이다. 정규직과 비정규직에 관련된 갈등 역시 마찬가지이다. 경남교육청이 코로나19 이후 불거진 보육 문제 해결을 위해 방과 후 실무사들을 무기계약직으로 전환하고자 하였는데, 심한 반발에 부딪힌 바 있다. 또한 플랫폼 노동이 아닌 일반 노동자로 확대하여 보면, 코로나19 이후 취직한 비정규직 인력은 이전에 취업한 비정규직보다 임금이 약 8.6% 이상 감소했다(윤지원, 2021). 일하는 시간이 줄어든 것도 있지만, 갑자기 비정규직에서 실업 상태인 사람들의 공급이 많아진 것도 이유가 된다. 하지만 본 글은 이런 점들보다도 코로나19로 인해 더욱 급격히 성장한 플랫폼 노동의 성장이 과연 사회적으로 지속 가능한 것인지, 우리는 어떠한 변화를 살피는 것에 방점을 두어야 하는지 생각해 보고자 한다.

그럼 본래의 논의로 돌아와서, 지금까지 살펴본 통계들의 추세가 앞으로 계속 이어진다고 할 때, 우리 사회는 지속 가능할까? 우선 배달 노동, 택배 노동, 대리 기사와 같은 직업의 구성원은 지금까지의 통계에 따르면 대부분 20~40대 전반에 걸친 고졸 이하 학력의 남성이다.[9] 노동 시간은 대개 하루 10시간 이상이며 주 6일 근무한다. 이들의 임금은 1인 가구의 생계비 정도이다. 고용 불안정성과 각종 질환, 산업재해 등의 내용을 뒤로 하고, 자영업자를 살펴보자. 이들에 대한 통계는 자영업이 지금과 같은 추세가 이어지면, 시장 구조조정이 계속 진행될 가능성이 높다는 점을 보여 준다. 현재 24~25% 수준인

---

9   상대적으로 지금까지 논의를 많이 하지 않은 택배 기사의 학력, 연령에 관한 한 가지 예는 다음 책 참조. 신태중·이주환(2017).

자영업자 비율이 코로나19 이후 앞으로 10% 정도 수준으로 떨어진다는 전망도 있는데(우석훈, 2021), 실제로 가능하다고 본다. 예를 들어, 플랫폼이 시장을 잠식해 들어오고, 기존의 자영업자들 중 흥하는 곳은 계속 흥하고 잘 안되는 곳은 안되는 현상이 가속화되면 지속적으로 상승만 있는 임대료 등 지대를 감당할 수 없으므로 시장 퇴출이 더 빨라지게 된다. 그리고 이는 기존 상권 자체가 새롭게 재편되는 것과 맞물리면서 변화되는 형식이 될 것이다. 개발자들은 산업 변화에 새롭게 필요한 인력들로서 좋은 대우 속에 성장하는 기회를 맞이하게 될 것이고, 다른 사회 구성원들은 변화하는 플랫폼 경제가 지속 성장한다는 전제하에 경제 성장 속에 플랫폼이 주는 혜택을 누릴 가능성이 높다.

그렇다면 앞으로의 쟁점은 무엇일까? 첫 번째로, 현재 플랫폼 노동은 사회 재생산은 염두에 두지 않고 노동에 대한 최소한의 비용만을 지불하는데, 이들에게 사회 재생산과 관련된 규제를 부과할 경우 어떻게 될까 하는 문제이다. 플랫폼 노동은 지금껏 존재하였던, 이른바 경영학에서 부르는 마찰 비용friction cost을 모두 없애고 노동 자체를 외주화하면서 시장을 독점하여 이익을 올린다. 그런데, 만약 이들이 인력을 내부화하면 이는 기존의 사업모델과 다를 게 없게 된다. 차량 공유 업체 우버Uber의 경우 현재 전 세계적으로 운전자를 직고용하라는 압력에 직면하고 있는데(박용범, 2021), 이들이 운전자들을 직접 고용한다면 차량을 소유하지 않았을 뿐, 기존 택시 업체와 동일한 사업이 되므로 사업적 매력을 잃게 된다. 혁신과 규제 사이에서 어떤 바람을 타야 하는지 관심 대상이 아닐 수 없다.

두 번째로 플랫폼 노동에 인력이 계속 공급되는 구조가 지속될 것인가의 문제이다. 예를 들어, 앞서부터 설명하였던 기술 개발로 인해 자율주행과 전기차가 크게 발전하고 현재 아마존 같은 기업이 시도하고 있는 로봇 배송이나 드론 배송이 이루어질 경우, 현재 플랫폼 기반 기업이 기반하고 있는 노동 인프라 전체가 대체된다. 현재 우리나라의 경우 배달뿐만 아니라 전체 플랫폼 노동에 종사하는 인력이 179만 명, 전체 취업자의 7.4%에 이른다고 추산되고 있다(박준용, 2020). 이들 중 어떤 플랫폼 노동은 대체될 것이고 어떤 플랫폼 노동은 여전히 사람만 가능할 것이다. 대체되는 노동 인력은 어떻게 될 것인지, 앞으로 우리 사회가 어떻게 될 것인지 관심사가 아닐 수 없다.

이와 관련하여, 현재의 시스템하에서는 이들 인력의 장기간 노동과 그로 인한 산업재해, 건강 등 사회 문제와 갈등 해결을 위한 비용을 기업이 지는 것이 아니라 사회 전체가 부담하고 있는데, 이것 역시 지속 가능한 것인지 생각해 볼 필요가 있다. 예를 들어, 택배 상하차만 하더라도 회사가 비용을 감당하지 않고 택배 기사가 대신하는 개인 부담이 발생하며, 그로 인해 택배 자체의 장기간 노동이 발생하니, 식사를 제대로 챙기지 못하고 배송 시간이 늘어지고, 노동자에게는 질병이 발생한다. 그러면 건강보험 등을 활용한 치료 지원이 이루어지는데, 대부분의 택배 기사는 지역 건강보험을 든 상태다(신성식, 2021). 결국 회사는 최소한의 비용도 지불하지 않고, 사회 전체가 비용을 짊어지는 문제가 발생한다.

세 번째로, 앞으로의 기술 개발과 관련하여 우리 사회는 어떻게 대비할 것인지 역시 생각해 볼 거리이다. 스타벅스 사이렌 오더의 예에서 잠깐 언급하였듯이, 플랫폼을 활용하는 기술은 단순히 연결과 중개를 위한 기술이 아니라 모든 것을 연결하여 한꺼번에 제공하는 토털 서비스의 성격을 띠면서 대량의 정보를 수집하고 이를 다시 활용하게 된다. 그러면 당연히 데이터 분석과 이로부터 부가가치를 창출해 내는 인력이 필요할 것인데, 이러한 인력을 어떻게 양성하고 만들어 낼 것인지 역시 매우 중요한 문제다.

다음 장에서 우선 첫 번째와 두 번째 사항부터 논의를 시작해 보도록 하자.

2장

플랫폼 노동 현장의
경쟁과 생존

1. 고독한 경쟁의 플랫폼 노동: 모두가 경쟁자

1) 산업 예비군: 배달 파트너 노동 지위 체계와 경쟁

비정규직의 정규직 전환이 한국 사회의 공정성 담론과 연결된 지도 벌써 4년 전이다. 인천국제공항 비정규직을 정규직으로 전환하고자 했던 사안에서부터 시작된 문제는 무엇보다 비정규직과 정규직의 대우 차이에서 비롯되었다. 그리고 정규직과 비정규직 임용과 관련된 절차상의 공정성 문제와도 연결되었다. 예를 들어, 비정규직이 정규직 채용과 같은 절차를 동일하게 거치며 자격 증명을 하고, 경쟁을 거쳐 '선발'되었는가에 대한 논의가 있다.

플랫폼 노동에서는 이와 같은 자격 증명은 없지만, 시간 제한은 있었다. 배달의민족은 배민원(배민1)으로 통합하기 이전까지 배민라이더스와 배민커넥터로 구분되는, 이른바 '전업'

라이더와 '부업' 라이더로 구분하여 배달 가능한 시간을 각각 주 60시간과 20시간으로 설정했다. 이뿐만 아니라, 도보, 자전거, 킥보드를 활용한 이른바 '도자킥' 커넥터들 사이에서도 배달할 수 있는 거리를 별도로 설정했는데, 자전거와 킥보드는 반경 2km 이내, 도보는 1km 이내로 한정했다. 노동 지위도 차이가 있다. 직접 고용된 라이더와 지입을 통한 건당 수수료를 받는 라이더, 커넥터로 구분되는 지위는 풀타임과 파트타임, 직접 고용과 간접 고용 등에 따라 나누어진다.

이와 같은 다양한 노동 조건 체계는 노동 전속성과 관련이 있다. 노동 전속성은 업무 수행에서 하나의 사업체에 종속된 정도를 의미하는데, 하나의 사업체에 종속된 전속성이 높아지면, 산업재해 보험이라든가 고용과 관련된 각종 의무가 부가된다. 따라서, 이러한 전속성이 낮아지면 특수 고용 노동자의 노조설립이 어려워지고 산재 보험 가입도 사업자가 할 필요가 없다. 전속성과 관련되어 중요한 것은 업무 수행인데, 배달 '콜'을 어떻게 받느냐, 다른 업체의 일을 할 수 있는가 등이 관련이 된다. 그래서 배달의민족은 배민커넥터를 통해 전속성을 낮추려고 하는 의도를 드러내기도 했다(조규준, 2021).

시간 제한보다 중요한 것은 배달 '콜'이다. 시간 제한은 절대적으로 수입이 가능한 건수를 제한하는 것이지만 배달 '콜'은 직접적인 수익률과 관련된다. 좋은 콜을 받을 수 있느냐의 여부에 따라 단가가 높은 배달을 실시하느냐 아니면 시간이 오래 걸리고 단가는 낮으면서 다음 연결 배달이 어려운 콜들로 구성되느냐가 결정되고 이에 따라 수익이 완전히 달라지게 된다. 배달의민족은 배민커넥터를 모집하기 위해 초반에는 프로모션 요금제도 실시하고, 2km 이내 단거리를 커넥터에게 미리 노출하기도 했으며, 콜이 뜬 뒤 15초 뒤에나 라이더스가 콜을 잡을 수 있도록 하기도 하는 등 여러 우대책을 내놓으면서 라이더스의 수입 기회를 커넥터로 유도하고 이를 통해 라이더의 전속성을 낮추고자 했다. 그래서, 배달콜을 잡아 수입을 올리기 위해 자전거 커넥터로 등록하고서 오토바이로 배송하는 자토바이가 출현하기도 했다.[10] 자전거 커넥터로 등록하면 콜이 많이 뜨고 배달 단가도 높아지니 프로모션이 있는 자전거를 운송 수단으로 설정한 다음에 콜을 받아 오토바이로 배송하는 것이다. 물론, 적발될 경우 약관 위반으로 계정이 정지된다.

그러나 이것도 잠시, 점차적으로 주문이 많아지고 경쟁이 심해진 다음부터는 이러한 정책이 사라지고, 커넥터가 콜을 잡기 어려워졌다.

하지만, 새로운 경쟁 구도가 생겼다. 쿠팡이츠가 무섭게 성

---

10 네이버 블로그 'N잡러 찬대디의 세상이야기'의 2020년 4월 25일 자 다음 글 참조(작성자: 찬대디). "배민은 도대체 자토바이 단속은 하는 거니? 커넥터 오토바이 주 60시간으로 바꾸면 간단히 해결될 일을…." https://m.blog.naver.com/taebong78/221927829284

장한 것. 쿠팡이츠는 한 번에 한 건만 배달한다는 단건 배달을 도입하면서 배달의민족을 급격하게 추격했다. 2020년 8월에 월 활성 이용자 수가 대략 80만 명 정도였던 쿠팡이츠는 1년 만에 526만 명을 기록한다(안경무, 2021). 사용자가 6.5배 이상 늘어나서 무섭게 추격을 시작했다. 유튜브와 같은 동영상 사이트에서는 배달의민족과 쿠팡이츠에 동일한 식품을 동시에 주문한 다음 배달까지 걸리는 시간과 배달된 식품의 차이를 비교한 영상까지 등장했다. 2020년 9월 기준으로 올라온 영상들의 경우 쿠팡이츠가 빠른 경우가 많았다.

이렇게 경쟁이 심해지자, 다른 업체들도 경쟁에 돌입했다. 예를 들어, 배달의민족은 커넥터들의 20시간 제한을 풀고 얼마든지 일을 할 수 있도록 했다. 하지만 동시에 콜 배정을 가장 빠르게 배달 가능한 운송 수단에 배정하겠다는 정책을 내놓았다. 결과적으로 오토바이에 우선 배정될 수밖에 없게 된다. 더군다나, 쿠팡이츠와 경쟁을 위해 한 번에 한 개씩만 배달한다는 배민원을 내놓은 이후부터는 속도 경쟁이 붙으면서, 오토바이 배달에 훨씬 많은 콜이 배정되는 경향이 생겼다. 또한 배달 시간 제한을 풀면서 동시적으로 업주가 배차 수단을 제한할 수 있도록 했다. 그러니까, 자동차/오토바이 커넥터와 오토바이 라이더 그리고 도자킥 커넥터 둘 중에 한 가지를 선택적으로 제한할 수 있도록 했는데, 사실상 이는 오토바이 활용을 부추기게 되고 도자킥 배달이 감소하는 효과를 가져온다(김설아, 2021). 배민원 이후에는 도자킥을 위해 새로운 자전거를 산다든가, 킥보드를 구매하는 것은 바보나 하는 짓이라는 이야기까지 나오는 마당이다.[11]

배달의민족의 의도가 어떻든 간에, 결과적으로 보면 배달의민족은 배민커넥터를 통해 배민라이더스들의 오토바이 배달과 관련된 수수료 문제라든가 배달 배정의 문제 등을 효과적으로 통제할 수 있는 수단을 만든 셈이다. 그리고 이러한 수단을 통해 배민라이더스들의 노동 조건을 조정하거나, 수수료를 조정해 온 셈이 된다. 배민커넥트를 통해서 대체 인력이 있는 상태이기 때문이다.

쿠팡이츠 역시 2021년 3월 이후 수수료가 조정되었는데, 이에 따라 피크 시간 외 시간은 배달하는 사람이 손해라는 견해도 있다. 결과적으로 다른 업체와의 경쟁, 그리고 배달 파트너의 지위 간 차이를 둔 경쟁체제를 통해, 적정한 수준의 산업 예비군을 양성하고, 이러한 예비군의 존재가 현재 업무를 진행하는 사람들의 노동 조건을 조정하는 데 유리하게 작용한 것이다.

---

[11] 디시인사이드 배민커넥트 갤러리의 2021년 6월 4일 자 다음 글 참조(작성자: 모영순). "[일반] 와 … 도자킥 끝난 이유." https://gall.dcinside.com/mgallery/board/view/?id=bamin&no=125438

2) 모두가 배달원, 노동 인력 내부화로부터 벗어나기

자신의 차량으로 사람을 운송하는 우버는 차량을 가진 누구나 택시 운전사가 될 수 있도록 하여 택시 면허의 값어치를 크게 하락시켰다. 미국만 하더라도 뉴욕의 택시 옐로캡 면허권 가격은 2014년 우리나라 돈으로 약 12억 원까지 올라가기도 하였는데, 2018년에는 2억 원 수준으로 떨어졌다(김경진, 2019). 우리나라에서도 타다, 카카오 모빌리티 운송 서비스가 한창이던 2019년 5월에는 개인택시 면허가 9,500만 원 수준에서 6,400만 원 수준까지 떨어진 적이 있다(박민제, 2019). 운수사업법 개정 이후 다시 9,000만 원대로 올라갔으나, 2021년 6월 8,000만 원 수준으로 다시 떨어졌다. 여기서 면허권을 사고팔면서 수익을 올렸으면 좋았을 텐데라고 생각하면 안 된다. 개인택시 면허권은 법인택시에서 적어도 3년 이상 무사고로 운전을 해야 구매할 수 있는 자격이 생긴다. 어찌 되었건 호출 서비스로 인해 호출 배차권을 가진 플랫폼의 시장 지배력이 커지고 있고 사람들이 플랫폼 외의 방법으로 택시를 타는 경우가 적어지고 있는 상태다. 그런데, 플랫폼에 가입한 택시들의 수입이 크게 늘어났다고 보기 어렵기 때문에 개인택시 면허권이 가진 매력이 반감되고 있다(정치연, 2021).

프로모션을 통해 배달 인센티브를 부여하자, 많은 사람들이 부업 삼아 배달 알바를 뛰기 시작했다. 이미 설명한 바 있듯 코로나19로 인해 부업이 늘면서, '투잡족'이 2021년 7월 기준 56만 6천 명에 달했다(손해용, 2021). 같은 달 쿠팡이츠 배달 파트너 앱의 월간 활성 이용자 수는 49만 명, 배민커넥트는 20만 명을 넘겼다(최준선, 2021). 일반인을 배달원으로 이용하는 서비스는 계속 늘고 있다. 배민커넥터, 쿠팡이츠의 쿠리어뿐만 아니라 요기요를 인수한 GS리테일도 '우리동네 딜리버리'라는 이름으로 편의점 도보 배달을 시작했다. 배달의민족이 마이크로 풀필먼트로 편의점 시장을 잠식하자, 편의점을 소유한 GS리테일이 동네 배달원을 모집하여 반격하는 모양새이다. 우리동네 딜리버리를 활용한 편의점 주문이 별로 없다는 이야기들도 나오는 듯하더니(김영진, 2021), 치킨 업체 BBQ와 제휴하여 도보 배달 서비스를 시작하고, 맘스터치, 멕시카나, 배스킨라빈스까지 우리동네 딜리버리를 확대했다. 롯데슈퍼 역시 제휴를 통해 근거리 배송에 일반인 배달을 시험해 보는 중이다(박준호·이형두, 2020). 택배에서도 쿠팡 플렉스를 비롯하여, 와사비라는 일반인 배송 서비스, 그리고 LG유플러스의 '디버' 등 다양한 일반인 배송원 서비스가 운영 중이다. 바야흐로 '가는 길'에 배송할 수 있는 인프라가 널리고 널린 셈이다.

이와 같은 일반인 배달원의 확대는 사업자에게는 기회이자 직접 고용의 비용을 줄이는 방편이기도 하다. 하지만 전 세계적으로 플랫폼 노동에 종사하는 사람들을 자영업자가 아닌 고용원으로 봐야 한다는 판결이 잇따르고 있다. 예를 들어, 미국과 영국에서는 우버 운전자들을 고용된 노동자로 보아야 한다는 판결이 나왔고, 우리나라도 배달원의 전속성에 대한 논쟁 속에 고용보험 가입 대상에 편입되었다. 당연히 플랫폼으로서는 이러한 경향이 직접 고용으로 이어지게 되면 비용 증가로 연결되므로 반가울 리가 없다. 하지만 확실한 부업으로 일을 하는 사람이라면 이와 관련된 법적 의무나 비용으로부터 자유로워질 수 있다. 전속성이 없어지는 것이다. 기업으로서는 일반인을 각각의 플랫폼으로 끌어들여 배달을 할 수 있도록 하면, 제휴관계를 통한 사업 확대는 물론이고, 플랫폼에 쌓이는 데이터까지 활용할 수 있는 일석이조 효과가 있으므로, 일반인 배달원 확대를 마다할 이유가 없다.

본래 이와 같은 아웃소싱은 기업의 생산 활동에서 시장에 의존하는 것이 직접 생산 과정을 담당하는 것보다 거래 비용의 발생에서 큰 차이가 없거나 오히려 시장에서 해결하는 것이 비용 절감 효과가 있을 때 활용된다. 전통적인 경제학에서 윌리엄슨의 거래비용이론transaction cost theory은 기업이 시장에서 구매하는 행위가 반복적이고 그로 인해 거래를 수행하는 마찰 비용이 커지는 경우 그리고 공급의 안전성이 중요한 경우 생산 과정 자체를 내부화하여 수직 계열화함으로써 효율성을 극대화시킨다고 보았다(O. E. Williamson, 1989). 거칠게 예를 들어,

한꺼번에 100개씩 주문하면 단가가 100원이지만 20개씩 주문하면 120원인 경우, 한 번에 100개 주문하면 될 걸 20개씩 다섯 번 주문하면 비용이 더 증가하게 된다. 마찰 비용의 증가다. 또 100번이면 모르겠는데, 주문을 만 번쯤 10년간 할 예정이라면, '그 공장을 내가 소유하는 게 오히려 관리하기 편하고 좋지 않을까?'라는 생각을 하게 된다. 생산 과정의 내부화이다.

이와 같은 과정의 정반대가 아웃소싱이다. 아무것도 소유하지 않고, 주문해서 제품만 받는다. 따라서, 시즌별로 생산량의 차이가 생긴다든가 해서 항상적인 노동력을 유지하는 것이 부담되는 경우에는 생산 과정을 내부화하는 것이 아니라 오히려 외부화하여 시장에서 구매하는 것이 더 유익하다. 아웃소싱을 통해 특정 기간에만 생산량을 늘리고 수요에 대응하는 유연성을 가지는 것이 훨씬 더 효율적이 된다. 한번 고용하면 해고하기 힘드니, 아예 고용하지 않는 것이다. 그리고 필요하면 다른 기업에 외주화하는 것이다. 휴대폰이나 태블릿과 같은 신제품 생산 시기에 수요가 집중될 때 많은 양을 생산해야 할 필요성이 있는 애플과 같은 기업이 활용하는 방식이기도 하다. 애플은 설계만 하고 제품은 그때그때 막대한 노동력을 동원할 수 있는 팍스콘 같은 회사가 담당한다. 팍스콘 역시 막대한 수의 노동력을 항상적으로 보유하는 것이 아니라 생산량을 늘릴 시기가 되면 고용량을 늘리고, 생산량이 적어지면 고용량을 줄이는 방식을 활용한다. 쿠팡도 직접 인력을 고용하지만, 전날 밤 '쿠펀치'라는 앱을 통해서 일용직이나 임시 계약직을 고용하기 때문에, 특정 시즌에 한가하거나 주문이 몰리는 것에 따라 그때그때 대응하면서 본래 조직은 매우 유연하게 운영하고 인건비를 절약할 수 있다(M. S. Kim, 2021).

음식 배달 역시 이러한 범주에 맞는 활동이다. 점심과 저녁 등 피크 타임이 존재하고, 회사는 개개인들이 특수 고용자 지위이므로 사회보험을 직접 담당하지 않게 되는 방식이 훨씬 효율적인 셈이다. 또한 배달 수단에 대한 관리비 역시 내부화하지 않게 된다. 마지막으로 앞서 이미 언급한 것처럼, 이들 산업 예비군들이 있는 것만으로도 기존 전업 배달원들과 관련된 '밀당'에서도 유리한 위치에 있을 수 있다.

3) 수수료 전쟁 그리고 모두가 손해?

배달 앱의 경우 2만 원을 주문받으면, 각종 수수료로 대개 7천 원 정도를 제하고 1만 3천 원 정도가 순수 매출이 되는 것으로 알려져 있다.[12] 매출의 35% 정도가 수수료로 빠져나가

---

12 정확한 금액은 프로모션과 지역에 따라 다를 수 있다. 본 글에 쓰인 자료는 디시인사이드 배민커넥트 갤러리의 2021년 9월 23일 자 다음 글 참조(작성자: 오린이이). "[일반] 주요 배달앱 수수료 현황.jpg." https://gall.dcinside.com/mgallery/board/view/?id=bamin&no=216563

표 1 2021년 9월 기준 주요 배달 앱 배달 수수료 현황

구분	배민 오픈리스트	요기요 익스프레스	배민1 (프로모션)	쿠팡이츠 (프로모션)	쿠팡이츠 (프로모션 종료)
주문금액	20,000	20,000	20,000	20,000	20,000
배달수수료	1,360 (6.8%)	2,500 (12.5%)	1,000	1,000	3,000 (15%)
결제수수료 (3%)	600	600	600	600	600
배달비용	별도	2,900	5,000	5,000	6,000
부가세	196	600	660	660	960
최종 입금	17,844	13,400	12,740	12,740	9,440

(출처: 디시인사이드 배민커넥트 갤러리[13])

는 셈이다. 여기서 광고 비용은 별개다. 국회에서 문제가 되었던 구글의 인앱결제의 수수료가 2021년 6월 인하 전에는 30%였다.[14] 심지어 수수료로 인해, 외식업주들은 배달 앱의 가격을 감당하기 위해 음식 가격을 인상하고, 배달 앱이 더 비싸다는 이유로 항의를 받자, 매장 음식값을 올리기도 했다는 이야기까지 나오는 상태다(박광연, 2020; 윤슬기, 2020). 배달 라이더에게 지급되는 액수는 라이더 모집 이후 단계적으로 낮아져 건당

---

13 디시인사이드 배민커넥트 갤러리 참조. https://gall.dcinside.com/mgallery/board/lists/?id=bamin

14 구글은 이후 일괄적으로 15%로 인하한다는 계획을 발표했다.

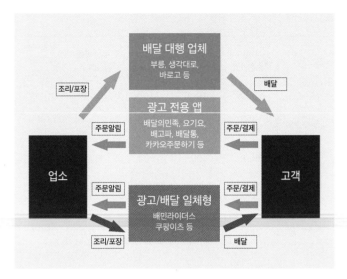

그림 12 배달업 관련 정리

3천 원 정도가 기본 수수료가 되기도 하였고(최민우, 2020), 2021년 3월에는 쿠팡이츠가 배달 수수료를 600원 인하하여 기본 수수료를 2,500원으로 내리자 라이더들이 반발하기도 했다(신윤철, 2021).

위 그림은 배달 일체형을 기준으로 한 것인데, 음식점들은 배달 앱을 주문을 받기 위한 광고 전용 앱으로 활용할 것인지 아니면 배달 일체형으로 활용할 것인지에 대한 선택지가 있다. 배달 일체형은 주문과 배달이 모두 한 번에 이루어지는 경우이고, 광고 전용 앱으로 활용하는 경우는 주문은 앱으로 받지만 배달은 다른 배달 대행 업체를 쓰는 경우이다.

배달 앱의 수수료 정책에도 불구하고, 배달 앱의 대명사인 우아한형제들의 영업 이익은 연결 기준 2020년 112억 적자를 기록했다. 그런데, 100% 자회사이고 배민라이더스를 운영하는 우아한청년들은 2017년 93억이던 매출이 2019년에는 966억 원을 기록하면서 10배 이상 증가했고, 2020년 영업 이익은 69억을 기록했다(이석호, 2021). 배달 라이더스 운영의 영업 이익에도 불구하고, 본진 플랫폼의 영업 이익 적자는 프로모션과 광고 등 시장 경쟁으로 인한 출혈이 더욱 극심해졌음을 의미하고, 여러 가지 성장을 위한 투자를 계속하고 있음을 의미한다. 단건 배달에서 쿠팡이츠와 함께 경쟁하는 상태에서 지출이 지속되는 중이기도 하지만, 신사업과 해외 투자를 확대한 이유가 크다(장가람, 2021).

이와 같은 결과들을 보면 독자들이 의문을 가질 수밖에 없다. 배달을 통해 라이더들도 수익을 올리면서 생활을 영위하는데 충분치 않은 수수료에 불만이 있고, 사업자들은 사업자 나름대로 가져가는 수수료가 매우 높으므로 마진율이 떨어진다는 생각을 하고 있으며, 배달의민족은 아직 영업 이익이 적자인 상태에서 경쟁을 하고 있는데, 이 사업이 어떻게 살아남으며 진행될 수 있는가이다. 마진율이 얼마나 되는 것일까라는 당연한 의문이 들기도 한다. 하지만 결과는 대부분 음식 가

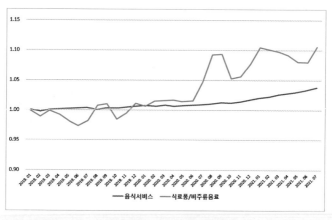

그림 13 2019년 1월~2021년 7월 품목별 소비자 물가지수(출처: 통계청, 2021k)

격을 높이거나 기본 배달 음식 가격을 올려서 박리다매를 노리는 것이다.

소비자 물가지수를 살펴본 바에 따르면, 박리다매보다는 기본 음식 가격을 높일 수 있을 정도로 고객 충성도와 브랜드를 구축하고 있는 자영업자들이 성공하는 것으로 보인다. 2019년 1월을 1로 삼고 이것을 기준으로 하여 2021년 9월까지 소비자 물가지수에서 식료품/비주류음료 품목과 음식서비스 항목을 비교하여 보면, 코로나19 이후 식료품/비주류음료 품목의 가격이 10% 가까이 올라간 반면, 음식서비스의 경우는 3% 수준 상승한 것에 그친 것으로 나온다. 식료품 상승 곡선이 음식서비스 상승 곡선보다 높은 상태로, 이런 경우에는 음식 가격을 올려도 매출이 나오는 가게가 더욱 성장하고, 가격을 올리지 못하는 가게는 성장이 어려운 형태가 된다.

하지만 이를 수치로 확인하기는 아직 이르며, 시간을 더 두고 관찰할 필요가 있다. 신종 코로나19로 인한 국내 음식점 폐업은 줄어든 것으로 나타나고 있는데, 재난 지원금을 받기 위한 요소도 있고, 코로나로 인해 사람들이 매우 많이 주문하여 시켜 먹는 상황인 배달업의 활성화도 있는 상태에서 정확한 비교가 어렵기 때문이다(이태수, 2021). 한 가지 확실한 건 코로나19가 없어지고, 사람들의 생활이 변화되었을 때 이 시장의 한계도 나타날 수 있고, 그에 따라 퇴출되는 자영업자를 빠르게 확인할 수 있다는 것이다. 적정한 수의 배달원, 배달 앱의 가격 그리고 음식업 사업자 수 간의 일정한 비율과 수가 만들어지고 나면 새로운 혁신이 나타나기 전까지는 정체된 상태로 유지될 가능성이 크다. 그 과정에 이르기까지 현재의 자영업자 숫자가 적정한지 아니면 더 성장할 가능성이 있는지는 아직 두고 봐야 할 필요가 있다.

그럼 지금까지 배달 플랫폼에 묶여 있는 사람들에 관한 이야기를 했는데, 이로 인한 편익 외에 어떠한 사회적 손실이 있을지 생각해 볼 필요가 있다. '배달 플랫폼으로 인해 살기 더 좋아졌는가'라는 질문은 결과적으로 '사업자, 소비자, 배달원 사이의 경쟁과 생존을 통해 더 나은 삶의 조건을 갖출 수 있게 되었는가' 하는 질문이지만, 그 과정에서 사회 전체적으로 볼 때 편익이 증가했는가에 대한 질문에 대해서도 답할 수 있어야 한다. 예를 들어, 기존에 기술이나 사업과 관련된 본연의 내용을 갖추었지만 생존이 어려웠던 사업자가 배달 앱으로 인해 새로운 사업 기회를 얻고 생존하고 번창하게 되었는가, 노동하고자 하는 의지와 여력이 있었지만 기회가 닿지 않은 사람이 노동을 할 수 있게 되었는가, 소비자는 지불하는 내용을 통해 자신의 편익이 증가했다고 생각하는가 같은 점이 배달 앱이 가져오는 좋은 점이라 볼 수 있다. 반면에 배달 앱으로 인해 부가적인 사회적 손실—예를 들어, 사고의 증가와 같은 사회적 비용 발생—이 많이 발생하여 사람들이 길을 다니기 어려워졌는지와 같은 가장 기본적인 편익에 대한 생각도 같이 해보아야 한다는 것이다. 즉 사회 전체가 지불해야 할 비용 증가가 얻게 되는 편익보다 많은지, 그렇게 볼 수 있는 분야가 어떤 것인지 살펴보아야 한다는 것이다. 이와 같은 질문에서 사회 변화가 긍정적이라면 적어도 배달 플랫폼으로 보는 사회는 지속 가능한 사회이고 또한 지속되어야 할 필요성이 있지만, 그렇지 않다면 해당 사회는 또 다른 문제를 낳는 플랫폼을 계속 사용할 것인가 말아야 할 것인가 이야기를 해 봐야 된다.

2. 사회적 부담: 환경, 사고, 독점

1) 탄소와 플라스틱 배출

2020년 10월 28일 국회 시정 연설에서 문재인 전 대통령은 2050년 탄소중립을 목표로, 석탄에너지를 재생에너지로 대체하겠다고 밝혔다(최우리, 2020). 이미 2020년 7월에 전기, 수소차 등 재생에너지 보급 확대 정책을 밝힌 바 있는데, 석탄 발전 퇴출까지 명확하게 한 것이다. 또한 2021년 4월 환경부는 환경 친화적 자동차 보급 시행 계획을 밝히면서 수송 부문의 탄소중립 실현을 위해서는 혁신적인 감축 조치가 필요하다고 보고, 무공해차 대중화를 위한 보급 전략을 추진하겠다고 밝혔다(환경부, 2021).

하지만 플랫폼 배달에 쓰이는 오토바이의 판매량은 이러한 정책이 무색하게 지속적으로 증가하고 있다. 가장 많이 쓰이는 기종은 혼다의 PCX 기종으로 무단 자동변속기를 가지고 있고 125cc로 가속과 힘이 좋은 것으로 알려져 있다(김하영, 2020). 혼다는 2018년 한국시장에 진입하자마자 연 2만 1,556대를 판매하면서 순식간에 2만 대를 돌파하며 2위로 올라섰는데 바로 PCX가 1만 531대 팔리며 순위 상승에 크게 기여했다(용환진, 2019). 2020년에 혼다 PCX의 판매량은

2만 8,400대였다(조건희, 2021). 불과 2년 만에 2.7배 상승한 것이다. 이륜차의 등록 대수도 해마다 늘어나서, 2019년의 11만 대에서 2020년 14만 대로 27% 상승했다(박찬규·지용준, 2021). 전기이륜차를 보급하고는 있지만, 충전소도 마땅치 않고 오랜 시간 장거리를 뛰는 라이더들을 충족시키기에는 부족하다. 배달의민족 역시 출력과 배달 거리 때문에 전기 오토바이 도입을 포기한 것으로 알려져 있다(김형원, 2021b). 한쪽에서는 탄소 중립을 외치지만 정작 번창하는 배달 플랫폼 사업은 탄소를 다시 길거리로 배출하고 있는 셈이다. 쿠팡이츠가 전기 오토바이를 20대 정도 강남에서 시험하고 있으며(이준형, 2021), 한국 맥도날드 역시 맥딜리버리에 전기 바이크를 도입하여 활용하는 중이긴 하지만, 전체 시장의 66%를 점유하고 있는 배민이 활용하는 것과는 효과에서 크게 차이가 날 수밖에 없다. 거기에 앞서 언급하고 있듯이 쿠팡이츠와 경쟁이 붙으면서 오토바이 라이더들을 우대하는 콜 배정이 이루어지는 과정이라 출력이 낮고 이동 가능 거리가 짧으며 충전을 해야 하는 전기 오토바이를 배달원들이 선택할지는 아직 요원한 상태다. 흥미로운 건, 배달의민족이 오토바이로 배달하는 여성 라이더를 배민커넥터 홍보에 활용하며, 킥보드로부터 도보, 자전거, 자동차를 활용한 경력을 보여 준 것이다.

전기 자전거마다 다르겠으나, 자동차 대신 특정 전기 자전거로 1,000km를 달리게 되면, 총 162kg만큼 탄소 배출이 줄게 되고, 이는 30년 이상 된 소나무 1.2그루가 1년 내내 흡수하는 이산화탄소 양과 비슷한 수준이라고 하니, 수익을 위해 하루 100km 이상 운행하는 오토바이가 부지기수인 현 상태에서 전기 자전거로 전환 시 탄소 배출량이 얼마나 줄 수 있을지 계산해 보면, 결코 무시할 수 있는 수준이 아니다(이준상, 2019).

탄소 문제는 한 번에 한 가지만 배달하는 단건 배달과 밀접한 관련이 있다. 학술 연구에 따르면, 식료품을 집으로 배송하는 것을 현재처럼 집단화하여 한 번에 여러 집을 방문하는 경우, 최대 20%에서 75%에 이르는 탄소 배출을 줄일 수 있다는 것이다(M. Ma, 2013). 핀란드의 연구는 87%까지 줄일 수 있다고 보았다(H. Siikavirta et al., 2002). 여기서 핵심은 여러 개의 배송품을 한꺼번에 묶어서 배송하는 것이 탄소 배출과 관련하여서는 개개인이 마트에 방문하는 것보다 훨씬 더 환경 친화적이라는 것이다. 그러니까 단건 배달 그리고 단건 배달을 통한 속도 경쟁은 탄소 배출과 관련해서는 최악의 상황인 셈이다. 또 다른 연구는 심지어 쉽게 요리할 수 있게 해 놓은 밀키트meal-kit 역시 식료품을 직접 사러 가서 가지고 온 다음 집에서 요리하는 것보다 33% 더 적은 탄소를 배출한다고 보았다(B. R. Heard et al., 2019). 이러한 결과에서 가장 중요한 전제는 배달이 묶음배송일 때라는 가정이다.

2) 배달로 인해 발생하는 일회용기

배달 앱이 생기기 이전, 배달의 대명사는 중국집 짜장면이었다. 이사 가서도, 한강공원에서도, PC방에서도, 나이 든 세대에게는 당구장에서도, 짜장면이 배달로 먹는 음식 1순위였다. 그리고 2020년의 중식 배달 음식 1위는 여전히 짜장면이다 (배달의민족, 2021). 배달 플랫폼이 대중화되기 이전, 짜장면으로 대표되는 중식 배달의 핵심은 다회용기의 활용이었다. 짜장면, 짬뽕, 탕수육을 시키면 다회용기로 배달이 오곤 해서, 그릇 찾으러 너무 빨리 온다는 둥, 그릇 찾으러 간 배달원이 농땡이를 치고 돌아온다는 둥 말이 많곤 했다.

좋은 쪽으로는, 2016년까지만 해도 그릇 찾으러 간 중국집 배달원이 손님이 그릇을 설거지해 놓고, 음료수까지 챙겨 놓은 것에 '세상은 아직 살 만하다'고 생각한 사연이 올라올 정도로 배달원과의 교감을 두고 다회용기를 찾으러 가는 사연이 등장하기도 했다(박효진, 2016).

다회용기를 통해 재활용을 늘려 플라스틱 쓰레기를 줄이는 방식은 안정적으로 고용된 배달원이 특정한 동네 안에서 여러 곳의 용기를 묶음으로 수거하는 방식이다. 배달원이 부족하고 연료비도 드는데, 매번 시간을 계산해 한 개만 가지러 왔다 갔다 할 수 없고, 장거리 배달도 쉽지 않기 때문에 다회용기 배달과 관련된 배송 방식이 존재하는 것이다.

반면에, 배달의민족의 경우는 상대적으로 장거리 배달이 가능하고, 무엇보다 한번 배달 후 다시 주문이 있다 하더라도 이미 배달한 곳에 다시 가서 용기를 챙겨 다시 원 배달 주문처에 갖다줄 이유가 없다. 인센티브도 없는 상태에서 배달원은 여기저기 배달하기 바쁜 상태이기 때문이다. 기본적인 배달의 근거지가 없는 차이가 있고, 이른바 수수료 단가의 가성비가 떨어지는 '똥콜'이 아니라 가성비가 좋은 '꿀콜'을 잡아 배달하기 바쁜 산업의 구조는 일회용기를 쓸 수밖에 없는 이유가 된다. 그리고 배달 주문을 받아 처리하는 자영업자의 입장에서는 설거지라고 하는 또 다른 인력 비용이 일회용품을 쓰는 것보다 더 크게 된다. 더군다나 매출이 안정적으로 예상마저 되지 않는다면 이 역시 마찬가지이다. 그런 이유로 일회용기 사용이 보편화된다. 녹색연합에 따르면, 매일 270만 건의 배달 주문에 배달 쓰레기가 830만 개 발생하고 있다(녹색연합, 2021). 하지만 산업의 구조상 다회용기로 바꾸어지지 않는다. 플라스틱 비용이 인건비보다 훨씬 저비용이기 때문이다. 최대 가능한 것이 안 쓰기 또는 분리수거를 통해 재활용이 가능한 소재를 활용하는 정도가 된다. 배달업계 역시 이를 인식하여 일회용품 덜 쓰기 활동을 펼치는 정도에서 환경에 대해 고민하는 것이다. 배달의민족은 2019년 4월부터 일회용 수저 포크 안 받기 기능을 넣어서 배달 시 발생하는 일회용품을 줄이는 캠페인을 실시했다. 그 후 2년 동안 누적 1,160만 명이 참여하고 식당 업주는 242억, 폐기물 수거 비용은 69억 정도 절감한 성과가 있는 것으로 보고하였다(박소정, 2021). 배달의민족뿐만 아니라 '요기요', '쿠팡이츠' 모두 일회용 수저 안 받기를 활용하고 있다. 녹색연합에 따르면, 2020년 6월 일회용 수저 안 받기 비율이 대략 13%에서 21% 수준이었는데, 2021년에는 62%에서 76% 수준으로 증가했다(김민제, 2021).

다회용기 수거와 관련된 해결책이 있지 않는 한, 배달 플랫폼 산업에서 할 수 있는 최대의 환경 보호는 불필요한 일회용품 줄이기, 재활용이 가능한 소재 활용하기, 신선도를 유지하는 상태에서 최대한으로 다건 배달하는 비탄소 운송 수단 사용하기 정도가 될 것이다. 하지만 여기서 배달 플랫폼이 실제로 실행할 수 있는 건 많지 않아 보인다. 경쟁 심화로 단건 배달이 활성화된 상황이고, 불필요한 일회용품을 줄이거나 재활용이 가능한 소재 활용은 소비자와 영업자의 몫이기 때문이다. 배달 플랫폼이 플라스틱 발생을 줄일 수는 있어도 없애는 데 기여하기는 어려운 상태로 보이고, 최대한 할 수 있는 정도는 B마트와 같이 배달업체가 직접 운영하는 배송품에 대한 용기 개량 정도 수준이 될 것이기 때문이다.

3) 이륜차 사고: 모든 거리로의 확대

아이러니하게도 배달의민족에서 오토바이 커넥터로 광고에 나온 여성 라이더는 2021년 8월 17일 사고로 전치 12주를 진단받았으며 십자인대 파열, 골절, 연골 찢어짐 등으로 인해 수술을 받았다.[15] 한 아이의 엄마로, 코로나19 이전에는 직장 회사원이었지만 코로나19 이후 양육과 아이의 장애 치료를 위해 배달을 시작하였다는 사연을 가진 커넥터에게 사고가 일어났고 본인에게 정말로 힘든 일이라고 밝히고 있다.[16]

코로나19 이전 2019년 1월부터 4월 중순까지 이륜차 관련 교통 사고는 4,796건이었는데 1년 뒤 같은 기간에는 5,162건으로 7.6% 증가하였으며, 사망자는 107명에서 123명으로 15% 정도 증가하였다. 모든 사고가 배달 플랫폼과 관련된 사고는 아니지만 코로나19로 인해 교통량이 줄어든 기간이 많았음에도 불구하고 이러한 결과가 나온 것이다.[17]

그런데 이러한 사고와 배달 간의 연관성을 추론할 수 있게 보여 주는 그래프가 있다. 다음 두 그림은 교통사고 분석시스

---

[15] 보배드림 유머게시판의 2021년 9월 4일 자 다음 글 참조(작성자: 쏠리마린). "뺑소니 하루 만에 잡을 수 없다는 경찰." https://m.bobaedream.co.kr/board/bbs_view/strange/4641281

[16] 청와대 청원게시판의 2021년 9월 7일 자 다음 글 참조(작성자: naver-***). "하루 만에 뺑소니 사고를 못 잡는다는 경찰의 재수사를 촉구합니다." https://www1.president.go.kr/petitions/601096

[17] 통계청이 밝힌 자료에서 배달 요인을 언급하고 있기는 하다. 통계청(2021c).

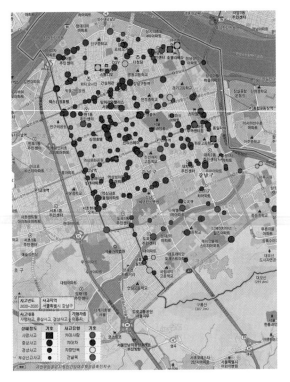

그림 14 2020년 강남구 이륜차 가해차량 사고 현황(출처: 교통사고 분석시스템)

템TAAS[18]에서 서울 강남구의 2020년과 2018년 이륜차 가해 교
통 사고를 모은 것이다. 2020년 자료를 보면, 사고가 강남구 전

---

18 교통사고 분석시스템. http://taas.koroad.or.kr/gis/mcm/mcl/initMap.do?menuId=
GIS_GMP_STS_RSN#. 도로교통공단의 수치 통계와 지도상 표시에 약간의 오차가 있
을 수 있음.

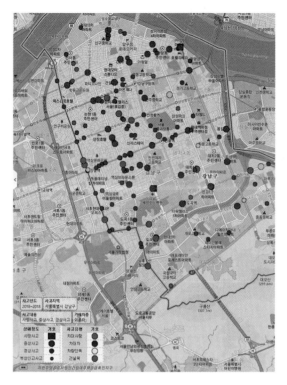

그림 15 2018년 강남구 이륜차 가해차량 사고 현황(출처: 교통사고 분석시스템)

역에 빼곡히 일어나고 있는 것을 확인할 수 있다. 사각형의 지도 위 그리드grid에 비어 있는 공간이 거의 보이지 않을 정도로 사고가 많다. 특히 사망 사고도 그전보다 많아지고 중상 사고도 많아졌는데, 사고의 빈도뿐만 아니라 사고의 질 자체가 달라지는 양상을 보여 주고 있어서 문제가 심각하다. 반면에

2018년 자료를 보면 중간중간 빈 공간도 많고 무엇보다 사망 사고가 두 건에 불과한 것을 알 수 있었다. 2020년과 크게 대별되는 지점이다. 2020년에는 사람에 대한 사고와 차량에 대한 사고 모두 사망자가 발생한 경우가 있었다.

코로나19로 인해 교통량 자체가 줄어들면서 교통 사고 사망자가 2020년 기준으로 2년간 20% 감소하고, 2020년 당해에도 1월에서 10월까지 전년 동기 대비 5.5%가 감소하였는데, 오히려 이륜차 사고 사망자는 9% 증가하는 결과를 보여 주기도 했다(국토교통부, 2020). 속도 경쟁이 붙으면서, 이러한 경향은 더욱 증가하였고 현실과 괴리된 배차 방식의 도입으로 사고의 위험성이 더욱 증가한다고 보도되었다(이진성, 2021).

도로교통공단의 교통사고 분석시스템을 통해 서울시 전역의 이륜차 가해 사망 사고를 2018년과 2020년을 비교해 보면, 2018년에는 사망 사고 위치가 대형 교차로, 진입로 중심이었는데, 2020년에는 대형 교차로가 아닌 일반 교차로에서도 사망 사고가 나타나고 있다는 특징이 있다.

배달 플랫폼의 활성화로 인한 배달 오토바이의 증가, 배달량의 증가가 실질적인 사고로 연결되고 있는 셈이다.

그림 16 2018년 서울시 이륜차 가해 사망 사고(출처: 교통사고 분석시스템)

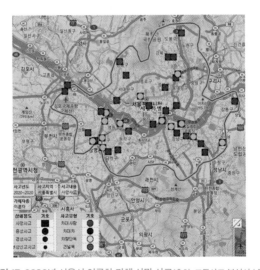

그림 17 2020년 서울시 이륜차 가해 사망 사고(출처: 교통사고 분석시스템)

4) 플랫폼의 특성: 독점화

플랫폼의 비즈니스 모델은 대개 네트워크 외부성 효과에 기대고 있다. 최대한 많은 사람들을 모으고, 모인 사람들이 지속적으로 플랫폼을 쓰게 만드는 것이다. 또한 본인뿐만 아니라 다른 사람들도 플랫폼에 있어서 플랫폼을 떠나서 해당 플랫폼이 제공하는 서비스를 독립적으로 수행하는 비용이 엄청나게 많이 들어, 거의 해당 서비스를 독립적으로 구축하는 것이 불가능에 가깝게 하는 것이다. 그래서 사람이 계속 늘어나게 되고 플랫폼은 발전한다. 예를 들어, 카카오톡은 2014년 사이버 검열로 인해서 많은 사람들이 탈퇴하며 텔레그램 등의 서비스로 넘어가는 듯했지만, 결과적으로 카카오톡으로 다시 돌아오는 경우가 많았다. 탈퇴해서 텔레그램 메신저를 쓰려고 갔는데, 대화할 다른 사람들이 넘어오지 않은 것이다.

일단 플랫폼에 들어와서 떠나지 못하는 잠금 효과lock-in effect가 있고, 이러한 잠금 효과가 지속되면 이른바 거의 습관에 가깝게 되어 그 외 다른 플랫폼을 사용하기가 어렵게 되기에 계속 사용하게 되고, 그러면 해당 플랫폼의 지배력은 지속적으로 상승하며 다른 경쟁자가 해당 시장에 진입하기 어려워진다. 새로운 경쟁자가 등장해도 사람들이 계속 쓰던 걸 쓰는 경로 의존성path dependency이 사용자들을 계속 머물게 하면서 원래의 플랫폼을 고수하게 만든다. 그리고 이러한 경로 의존성이 지속되면서 사용자가 늘면, 기존 사용자뿐만 아니라 기존 사용자와의 연결을 위해서라도 새로운 사용자가 계속 유입되는 네트워크 외부성이 발전한다. 카카오톡과 같은 메신저로 예를 들면, 어머니, 아버지가 카카오톡으로 대화하면 자녀가 카카오톡을 쓰게 되고, 자녀가 카카오톡을 쓰니까 친구들끼리도 카카오톡을 쓰게 되고, 그러면 학교나 학원 선생님도 아이들과 이야기하기 위하여 카카오톡을 쓰고, 이렇게 계속 지속적으로 확장된다. 이러한 확장이 지속되면 다른 경쟁자들을 물리치고 모든 사용자들을 끌어모으게 되는데, 여기서 플랫폼의 독점이 발생한다. 이른바 승자독식winner takes all이 되는 것이다(적어도 새로운 파괴적 혁신이 나타나기까지는 그렇다).

배달 앱으로 예를 들면, 특정한 배달 앱에 사람들이 몰려서 주문을 하게 되면, 그 주문을 받기 위해 음식점들이 몰리고, 음식점들이 몰려 주문을 받으니 배달원들이 모이게 된다. 배달원들이 많으니, 배송 지연이 상대적으로 덜해서 배송이 빠르고, 배송이 빠르니 음식점이 해당 앱을 쓰게 되고, 음식점 수가 많고 배달이 잘 되니 신규 사용자들은 또 해당 배달 앱을 쓰게 되는 선순환 구조가 만들어진다. 그래서, 이렇게 특정한 앱에 주문자가 몰리고, 음식점이 몰리고, 배달원들이 몰리게 되면 다른 앱이 설 자리가 없어진다. 주문자들이 분산되어 다른 앱을 활용하기 전까지는 독점적 상태가 유지되며, 이러한 독점을 깨기 위한 새로운 서비스, 혜택을 내세우면 시장 독점 상태에 균열이 나타나게 된다. 쿠팡의 단건 배달이 바로 그런 서비스였던 셈이다.

하지만 쉽게 독점이라고 이야기하는 것과 달리, 법률적인 정의나 개념은 이보다 더 엄밀하고 정밀한 판단을 요한다. '시장 지배적 사업자'를 먼저 규정해야 하고 그러기 위해서는 시장 지배적 지위라는 것이 어떤 것인지를 판단하는 기준을 만들어야 한다. 특히 '시장'의 정의가 중요한데, 시장점유율이나 시장 진입 장벽의 존재 및 정도, 경쟁 사업자의 상대적 규모 등을 규정하기 위해서는 어떤 시장인지를 정해야 하고 이는 시장의 경계를 확정 지어야 판단할 수 있는 것이기 때문이다. 예를 들어, 시장을 주문을 주고받을 수 있는 플랫폼이라고 한다면, 지마켓과 11번가 등 모든 온라인 주문 플랫폼이 시장이 된다. 이렇게 되면 전체 시장 크기에서 현재 주문 배달 앱의 강자인 배달의민족이 차지하는 비율은 매우 낮아지게 된다. 이번에는 시장을 완성된 음식을 주고받는 주문 관련 플랫폼이라 하면, 맥도날드도 포함되고, 배스킨라빈스도 포함되고, 스타벅스도 포함된다. 그야말로 모든 음식과 관련된 플랫폼이 포함될 수 있기 때문에 역시 배달의민족의 시장 점유율은 매우 낮아지게 된다.

따라서 공정거래위원회는 배달의민족과 요기요의 기업결

합 심사에서, 배달 앱 시장을 직접 전화 주문, 프랜차이즈 음식점 앱, 인터넷 검색 서비스와는 다른 시장이라 보고, '갓 조리된 음식'으로서 맛과 품질의 유지를 위해 배달 지역과 시간이 제한되는 점을 들어서, 택배 및 퀵서비스와는 다른 시장으로 규정하며, 메뉴 추천, 개발, 마케팅, 소프트웨어 음식점 경영에 필요한 종합 서비스를 제공한다는 점에서 일반 임대와도 다른 시장이라고 매우 정확하게 정의한 다음 독점 여부를 판단했다 (공정거래위원회, 2020).

독점의 문제는 요기요를 100% 소유하고 있는 독일 기반 회사 딜리버리히어로가 배달의민족의 지분을 인수하며 표면화되었다. 흥미로운 점은 딜리버리히어로가 본래 회사 기반이었던 유럽에서의 경쟁에서 밀리며 시장 지배적 지위를 가진 회사들에게 기존 소유한 회사를 팔고, 한국시장에서 시장 독점 지위를 가진 회사를 인수하여 아시아 지역에서 지배적 시장 점유자를 꿈꾸고 있다는 것이다. 딜리버리히어로는 독일에서 배달 앱 테이크어웨이닷컴takeaway.com과의 경쟁에서 밀리고 영국에서는 저스트잇just IT에게 밀리며 기존에 가지고 있는 서비스를 이들 회사에게 매각했다(최덕수, 2020). 그러니까, 배달 앱의 독점적 지위는 인수합병을 통해 국가마다 진행되고 있는 셈이다. 딜리버리히어로가 테이크어웨이닷컴에 매각되었을 뿐만 아니라, 딜리버루Deliveroo라는 영국 기반 배달 서비스가 독일에서 철수함으로써, 테이크어웨이닷컴의 독일시장 지배력이 더욱 굳건해졌다(S. Dutton, 2019).

독점의 가장 큰 문제는 지대추구 행위rent-seeking behavior이다. 지대추구란 쉽게 말해서 생산성을 올리는 어떤 활동도 하지 않고 현재의 경제적 이득을 지속적으로 그리고 더 높이 유지하기 위한 일만 하는 것을 말한다. 경제학자 앤 크루거가 처음 소개한 개념으로(A. O. Krueger, 1974), 공급이 조절되어 경쟁 요소를 저해함으로써 공급자들이 훨씬 더 높은 수익을 올리는 것과 연관되어 있다. 예를 들어, 동일한 물건이고 원재료 가격 상승 등 가격 상승 요인이 없는데 가격을 갑자기 크게 올리거나 또는 서비스의 개선 없이 수수료를 올리거나 하는 행위들을 말한다. 이러한 행위들의 전제는 공급을 제한하는 경쟁의 요소가 부족해야 하는데 독점에 가까운 시장 지배적 지위가 이러한 현상을 만드는 것으로 알려져 있다. 독점보다는 다양한 서비스 행위자가 있을 때 오히려 노동 생산성이 올라간다는 연구도 있다(K. A. Bryan & J. S. Gans, 2018).

2020년 4월에 내놓았다가 철회한 배달의민족의 새로운 수수료 정책은 이와 같은 지대추구 행위로 여겨졌고, 열흘 만에 해당 개편을 철회했다(이호승 외, 2020). 그리고 공공 배달 앱이 나타나는 등 수수료를 낮추고 가입비 및 광고비를 없앤 앱이 출현하게 된 계기가 되었다(최민영·이정하, 2020). 논란을 정리하면, 배달의민족은 연 매출이 3억 원 이하인 영세 업주 중 58%는 홍보 비용을 절감할 수 있다고 전망했는데, 자영업자들의 반응은 달랐다. 개편 전과 동일한 수준의 노출을 유지하려면 광고비가 급격하게 늘어나며 매출에 비례해서 광고비가 늘어나는 비율제가 된다고 반박했다. 그리고 기존보다 적은 경우는 월 매출 155만 원 이하 점포인데 일 매출 5만 원 점포라는 것이다(BBC News 코리아, 2020). 이러한 설명을 종합해 보면 배달의민족과 자영업자들은 완전히 다른 계산을 하고 있는 것이고 자영업자들은 실질적인 혜택이 없다고 판단한 것이다. 그리고 이러한 수수료 인상이 인수합병 이후에 나온 정책이라는 점역시 독점에 대한 우려를 불러일으켰다.

재미있는 사실은 쿠팡이츠의 점유율이 2019년 10월 2.6%에서 2021년 2월 13.5%로 상승하고 5월에는 15%를 넘었다는 점이다(이민주, 2021). 주문이 많은 것으로 소문난 강남에서는 이미 배달의민족을 넘어선 것으로 알려지기도 했다(이동우, 2021). 쿠팡이츠의 점유율이 15%가 넘어서자 배달의민족이 쿠팡이츠의 단건 배달을 따라 하기 시작했다. 2021년 6월이 되자 배달의민족은 단건 배달을 도입했고, 본격적인 점유율 경쟁에 나선 것이다. 수수료에 치중했던 배달의민족이 경쟁업체의 사업모델을 도입하게 되었으니 경쟁에 따른 소비자의 선택 변화가 배달 방식을 바꾼 것이다. 그러나 배달하는 입장 또는 환경을 생각하는 입장에서 이러한 단건 배달이 반가운 것은 아니다. 그럼에도 불구하고, 독점이 아닌 체계 내에서 변화가 일어난다는 일반적 법칙이 발견되는 것은 플랫폼 독점화의 우려는 사회적 손실의 가능성으로 연결된다는 점을 보여 주는 것이기도 하다. 다만 이러한 경쟁을 해결하는 방식이 앞서 이야기한 환경 가치와 상충되는 건 모순으로 남아 있다.

그런데 독점의 폐해는 단순히 수수료와 같은 눈에 보이는 문제만 담고 있는 것은 아니다. 독점을 통해 혁신의 속도가 느려지면서 역동적인 경쟁 시장에서 발생하는 기술 발전의 혜택을 소비자가 온전히 누릴 수 없다는 데 심각성이 있다(C. Shapiro, 2019). 예를 들어, 특정한 앱이 정하는 AI 알고리즘 등 소프트웨어가 마치 노동 표준이 되거나, 혹은 데이터를 한 기업이 독점하고 이후 서비스 진입을 막으면서, 새로운 혁신이 나타날 수 없도록 할 수 있다. 다음 절에서 이와 관련된 이야기를 살펴보도록 하자.

3. 배달 플랫폼 알고리즘의 세계

1) 노동 통제 알고리즘: AI는 만병 통치약

『서비스로서의 인간*Humans as a Service*』이라는 책을 쓴 제레미 아스 프라슬은 공장에서 분초 단위로 노동자가 해야 할 일을 측정하여 엄격한 노동 분업과 통제를 꿈꾸었던 테일러리즘의 창시자 프레더릭 테일러조차 꿈꾸지 못한 노동 통제가 플랫폼에 탑재된 알고리즘으로 가능해졌다고 서술한다(J. Prassl, 2018). 플랫폼 앱은 노동자가 있는 위치, 현재 직무의 상황 ─예를 들어, 대기 중인지 이동 중인지─ 그리고 이동 경로, 정산 등 모든 상황을 알고 있고, 지시를 내렸을 때 이를 거부하면 일감을 주지 않는 페널티를 부과한다. 그리고 알고리즘이 정한 기준에 따르지 않은 성과에 대해서도 책임을 묻는다.

2020년 10월 30일 한겨레 보도는 직선거리를 통해 배달 시간을 산정하는 알고리즘은 소요 시간을 과장되게 짧게 계산하여 노동자에게 법규 위반을 강요하다시피 한다는 점을 보여준다(김민제·선담은, 2020). 이와 같은 문제는 2021년 8월 실제 배민커넥트를 수행한 기자도 경험하는데, 잠실역 근처에서 롯데월드 건물을 뚫고 아파트를 건너 물품을 전달하라는 지시가 내려온다(전수한, 2021). 회사에 문의하면, 직선거리에 대한 가중

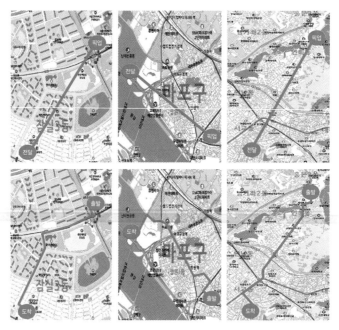

그림 18 플랫폼 앱에서 제시한 배달 거리(위 3장)와 내비게이션 거리(아래 3장)(출처: 김민제·선담은, 2020; 김세진, 2021; 전수한, 2021 보도 내용 기반 제작, 배경 지도는 국토교통부 국토지리정보원 온라인 지도)

치를 AI를 통해 정산한다는 답이 돌아온다. 직선거리로 실제 도달하기 힘든 시간을 제시하고 나중에 정산하니, 도착하면 좋고 아니면 말고라는 알고리즘이 되는 것이다. MBC 뉴스데스크는 아예 한발 더 나아가서 직선거리가 실제와 얼마나 다른지 실제 운행해 봤다(김세진, 2021). 해당 보도에서 배달의민족

기사인 C씨는 앱상으로는 하루 동안 6건, 8.3km를 운전했다고 나오지만 실제로는 24.7km를 이동했다고 밝혔다.

그런데 이와 같은 방식의 문제는 현재 정산 문제뿐만 아니라 향후 데이터의 문제가 된다. 실제 신호를 어겨 가며 만들어 낸 배달 데이터가 학습되어, 향후 알고리즘에 의해 최적의 경로 거리로 제시될 가능성이 높다. 그러면 알고리즘이 학습한 데이터는 신호를 어겨 가며 무리하게 만들어 낸 데이터일 가능성이 높은데 그러한 데이터가 표준적인 데이터로 제시되면, 사고 증가라든가 그에 따른 사회적 피해는 더욱 커질 수 있다.

이보다 더 큰 문제는 AI라는 이름으로 이루어지는 배차이다. AI에 의한 배차는 사람이 배달하는 건수를 선택하는 것이 아니라 AI가 배달원의 위치를 파악하여 자동으로 음식을 픽업하고 배달할 곳을 알려 주는 방식이다. 이러한 서비스 도입에 대해 한 플랫폼 개발자는 회사 행사에서 "고객 관점에서 배달 예정 시간보다 늦게 배달되는 문제, 라이더 관점에서 무리한 배차와 과속으로 인해 예기치 못한 사고로 이어질 확률이 크다는 문제를 인공지능 배차를 통해 풀고자 했다"라며, "라이더 수익을 보존하면서 고객이 주문한 음식을 최대한 빠르게 배달해 줄 수 있는 라이더를 찾아 배차를 권유하는 추천 시스템"이라 밝혔다(엄지용, 2020).

그렇다면 AI에 의한 배차는 사람이 직접 픽업해서 배달하는 걸 선택하는 것보다 더 뛰어날까? 만약 뛰어나다고 한다면 어떤 기준에서 뛰어날까. 라이더유니온이 배달 플랫폼의 알고리즘을 검증하는 실험이 2021년 6월 7일에서 9일까지 세 차례 유튜브로 생중계되었다. 인공지능 배차를 100% 수락한 경우와 인공지능 배차 수락을 자율적으로 결정하는 경우, 교통법규를 100% 준수해서 ─차간 주행을 하지 않는 것 포함─ 배달한 결과를 보는 방식의 실험이었다.

실험 결과는 인공지능 배차를 100% 선택하는 경우 주행거리가 늘고 시간당 배달 건수와 수익이 그렇지 않은 경우에 비해 감소했다. 구체적으로는 알고리즘 배차를 100% 수락할 경우, 1인 평균 총 주행거리는 117.4km였으며 자율 선택인 경우에는 101km로 보다 짧았다. 건당 배달료, 주행거리당 배달료, 시급 정도로 계산해 보았을 때 인공지능 배차보다 자율 선택인 경우가 더 나은 수익을 보였다. 교통법규를 준수하고 배달하자 시간은 더 걸리고 수익도 감소했다(김윤주, 2021). 배달 건수는 29% 감소, 시급 중위값은 20% 감소, 일일 소득 중위값은 21.5% 감소, 평균 배달 소요 시간은 25% 증가했다(윤주영, 2021).

그런데, 인공지능에 의한 배차는 배달원들이 원하는 방식이 아니라, 회사가 조금 더 배달을 효율적으로 수행하고 구석구석 보내기 위한 방편이라 생각할 수 있다. 전체 회사를 운영하는 입장에서 보면 개별 배달원보다 전체 서비스 향상을 더 중

그림 19 라이더 유니온의 알고리즘 실험(출처: 미디어 데모스·라이더유니온[19])

요시할 수밖에 없고 그러다 보면 개별 개인들이 원하는 정도
보다 수익이 감소될 수도 있는 것이다. 그런데, 직선거리를 실
제 거리처럼 내세우고 준법 운행이 불가능한 시간을 제시하
며, 이를 노동 통제의 수단으로 삼는다면 이야기는 달라진다.
라이더들은 주어진 업무를 수행하는 과정 중에 배달의민족에
데이터까지 제공하고 있는데, 그 과정에서 자신이 일하는 방
식을 자율적으로 정하면 알고리즘에 의한 배차 불이익, 또는
경고 등을 받게 된다. 이는 노동의 전속성이 증가하는 결과를

19 유튜브 미디어 데모스 채널의 2021년 6월 9일 자 다음 영상 참조. "'라이더가 직
접 배달 플랫폼사 알고리즘을 검증한다' 3차 실험 - '신호데이'." https://youtu.be/
Vu8vw1Mzj9c

가져온다. 위의 실험에서 당시 요기요는 수락률 95%가 되지 않을 때 건당 1,000원의 페널티를 부과하고, 쿠팡이츠는 계정 정지, 배달의민족은 경고 메시지를 띄우는 등의 노동 통제를 시행했다고 라이더유니온은 밝혔다(이선율, 2021).

그뿐만 아니라 회사들이 간단한 내비게이션도 수행할 수 있는 거리 산정을 AI 인공지능 시스템이 자율적으로 정하는 알고리즘의 문제라 이야기한 다음, 설명이 불가능하며 AI가 하는 기계 개입에 의해 알 수 없다는 말이 모든 만병 통치약이 됨으로써, 인공지능 일반에 대한 사회적 불신도 야기할 수 있다. MBC 뉴스데스크의 2021년 5월 31일 보도에서 배달의민족과 요기요는 "거리 산정 AI 알고리즘은 밝힐 수 없으며 주행거리 차이 보상 계획은 없다"라고 밝혔다. 한 라이더는 본인이 "노쇼 지각 조퇴" 없고 "배차 거부"도 없는데 왜 1등급이 아닌 2등급인지 문의하였으나, 요기요에서는 "AI가 하기 때문에" 설명이 불가하다고 답했다. 그러니까 합리적으로 사고해 볼 때 알고리즘이 아닌 것 같은 현상도 알고리즘으로 사람이 개입하지 않는다는 이야기로 넘겨 버리면 AI에 대해서는 아무것도 설명할 의무를 지지 않는다는 문화로 굳어져 사회적으로 큰 손실이 될 수 있다. 더군다나 직선거리라는 것이 특별한 알고리즘을 필요로 하는 것도 아니다. A에서 B 지점까지 선을 긋고 그에 대한 거리를 측정하는 것이니 단순히 지도 측량 문제에 지나지 않는다.

2) 노동 대체로의 미래: 자율주행 자동차의 위협

현재처럼 배달 플랫폼이 데이터를 축적하고 알고리즘을 만들게 되면, 그다음에 할 수 있는 것은 무인 자율주행 배송이다. 이미 미국에서는 텍사스주에서 무인 자율주행 차량으로 실제 배송을 시작했다(S. Szymkowski, 2021). 이러한 배송은 슈퍼마켓 체인 크로거, 월마트를 통한 배송과 피자 배송 등을 포함하는데, 2020년 2월 미국 연방정부에서 일반 차량에 적용되는 법규를 면제받았고, 캘리포니아는 배송을 위한 허가를 12월에 취득했다(BBC News, 2020).

배달의민족 역시 자율주행 배송 서비스를 위한 자율주행 배송 로봇을 만들어서 시험에 나서고 있으며 2017년부터 진행된 것으로 알려져 있다. 자율주행은 정확한 경로 입력과 더불어서, 실시간 물체 탐지를 통해 목적지에 도달해야 하는데, 이는 직선거리를 제시한 다음 자율주행 배송 로봇이 알아서 경로를 찾는 것이 아니라 실제 경로 거리에 대한 정확한 연산이 필요하다는 점에서 GPS 모니터링, 실시간 연산을 위한 레이더 센서 또는 카메라를 통한 물체 탐지 및 판단 등 다양한 기술력을 필요로 한다.

자율주행 배송 로봇 개발은 기존 인터넷 IT 업체에서도 수행하고 있다. 네이버랩스는 도시공간의 모든 정보를 매핑하고 실시간으로 업데이트하는 기술, 자율주행 로봇 기술 등을 통합적으로 개발하고 있다. 자율주행 시범 서비스로 정부의 샌드박스 실증 특례를 통과하여 서비스에 나서고 있는 자율주행 전문 기업도 있다(윤혜숙, 2021). 요기요를 인수한 GS리테일 역시 배달 로봇을 선보이고 개발을 진행하고 있다(이한얼, 2021). 편의점업계도 로봇 배달을 위한 개발에 나서면서 로봇 배달 서비스 경쟁 역시 치열해지고 있다.

흥미로운 점은 네이버다. 네이버는 현재 배달을 직접 하고 있지 않다. 당연히 현장 데이터가 배달의민족과 같은 실제 배달업을 하고 있는 플랫폼에 비해 뒤처질 수밖에 없다. 배달 자율주행 로봇 서비스 관점에서 보면, 현재 배달원들은 미래 서비스를 위한 데이터를 축적해 주고 있는 셈이다. 더욱더 열심히 그리고 빠른 경로를 개발하고 멀리까지 배달에 나서는 일이 더 좋은 데이터를 만들어 내고 있다. 그런데, 네이버는 도시 지형 전체에 대한 매핑, 즉 실제 자율주행 기계를 위한 대규모 지역에 대한 고정밀 매핑 기술 역시 개발하면서, 이러한 데이터 축적상의 불리함을 순식간에 따라잡을 수 있을 것으로 보인다. 또한 네이버는 건물 내 실시간 정보 업데이트 로봇도 만들고 있다. 도시와 건물 내외부에서 현재 배달만 하고 있지 않을 뿐, 실제로는 바로 뛰어들 수 있는 수준의 기술력을 갖추고자 하는 행보로 볼 수 있다.

그렇다면, 이와 같은 자율주행 배달 로봇이 등장하여 배달원들이 수행하고 있는 작업을 배달 로봇이 수행하게 되면, 배달 인력들이 필요 없게 될까? 그럴 가능성이 높다. 자동화 또는 인공지능 기술 발전에 따라 고용이 대체될 수도 있고, 보완될 수도 있는데, 특정 지점에서 다른 지점까지 물건을 옮기는 행위는 사람이 하는 일을 보완하는 것이 아니라 대체하는 것이고 생산성도 높아 고용을 감소시킬 가능성이 크다. 그리고 이것은 된다 안 된다의 문제가 아니라, 언제 실현될 것인가의 시간과 관련된 문제다. 실제로 인공지능, 자동화, 로봇은 미래의 일을 규정하는 3개의 중요한 요소다(J. Manyika & K. Sneader, 2018).

3) 라이더의 미래

배달원들이 그리는 미래는 어떨까? 배달원들을 통해 조사한 바에 따르면(김영아 외, 2019), '배달원 일자리가 다른 일자리를 찾기 위한 징검다리인가'라는 질문에, '그렇다'라는 응답이 절반인 50.2% 정도이고 '보통'이라는 응답이 35.9%, '아니다'라는 응답이 14%로, '아니다'라는 응답이 '그렇다'라는 응답에 비해 3분의 1 정도였다. '은퇴할 때까지 지속적으로 할 것인가'에 대한 응답에서는 '아니다'라는 응답이 39.4%, '보통'이 33.7%,

'그렇다'라는 응답이 27%였다. 산술적으로 단순 계산을 해 보면 징검다리가 아니고 은퇴할 때까지 계속할 것이라는 전망을 가진 사람이 14%, 징검다리는 아니어서 지금 풀타임으로 하고 있지만 은퇴할 때까지 하고 있지는 않을 것 같다는 응답이 13%로 절반씩 나뉘는 셈이다. 이는 역으로 배달원을 최종 직업으로 보지 않고 계속할 것 같지 않다는 응답이 전체의 86%에 달한다고 볼 수 있다.

같은 연구의 인터뷰에서 배달원들은 배달하면서 보게 된 정보를 통해 조리를 배우거나 자본금을 모아 음식점을 열고자 하는 희망을 피력하기도 했다. 확실한 건 앞서 설명하였듯이 라이더가 다른 직업을 가지게 되는 것은 된다 안 된다의 문제가 아닌 속도와 강도의 차이이며, 앞으로 이들의 직업이 없어지고 다른 직업으로 대체될 가능성이 높다는 것이다. 특히, 배달원의 생활이 안정적인 중산층으로서 생활을 영위할 정도의 수입을 보장하는 것이 아니라, 끊임없이 쉬지 않고 사고 없이 일해야 먹고살 정도의 임금을 제공하는 만큼(신혜정, 2020), 질병이나 사고, 그 외 각종 생애주기 이벤트에 의해서 얼마든지 노동시장에서 이탈당할 가능성이 높다.

물론, 기술 개발이 모든 플랫폼 노동을 대체할 수 있는 것은 아니다. 이 글에서는 주로 배달과 관련된 플랫폼 노동을 다루고 있지만, 플랫폼 노동은 간병과 가사 도우미로부터 시작하여, 사람의 의견을 묻는 여론 조사까지 매우 다양한 스펙트럼 안에 존재한다. 그리고 이들 간병과 가사 도우미 같은 노동은 기계가 수행하기 가장 어려운 영역에 속한다. 자동화가 미래 사회 노동에 가져올 충격을 2013년에 예견한 영국 옥스퍼드 대학의 카를 베네딕트 프레이 교수는 사회적 지능, 창의성, (신체나 행위) 조정 등이 필요한 직업이 가장 기계나 인공지능 같은 기술에 의해 대체되기 어려운 영역에 속한다고 보았다(C. B. Frey & M. A. Osborne, 2017). 그래서 레크리에이션 치료사는 대체될 가능성이 불과 0.28%밖에 되지 않는, 700여 개의 직업 중에서 대체될 가능성이 가장 낮은 직업에 속했다. 또한 간병인이 속한 보건 관련 사회복지 업무는 대체될 가능성이 아래에서 8번째로, 0.35%밖에 되지 않는다. 그럼 우리가 살펴볼 음식 배달원들은 어떨까? 대체될 가능성이 69%에 이른다. 순위로는 700여 개 중에 380위로, 대체될 가능성이 높은 쪽에 속하고 있다. 물론, 자동화 및 인공지능 기술을 장착한 자율주행차와 같은 기술과 사람이 본격적으로 경쟁하게 되는 시기는 지금부터 20년 뒤로 예상되기에 아직까지는 괜찮다는 전망도 있다(A. Marshall, 2018).

하지만, 이들이 현재 직업이 아닌 다른 노동시장에서 일을 한다고 하면 어떻게 일하게 될 것인지에 대해 생각해 볼 필요가 있다. 무엇보다 지금은 하나의 범주로 구분되어 있는 플랫폼 노동자들을 세분화하여 앞으로 이들의 직업과 미래에 대한 구체적인 사회 장기 계획을 기존의 실업자들에 대한 사회적 지원 못지않게 중요하게 생각할 필요가 있다. 매킨지는 플랫폼 노동에 종사하는 사람들을 네 가지 부류로 구분했다. 이들은 1) 주요 소득 원천으로 여기고 해당 일을 원해서 하는 경우, 2) 부가적 수입을 위해 일하는 경우, 3) 필요에 따라 어쩔 수 없이 주요 소득 원천으로 일하는 경우, 4) N잡러처럼 여러 일의 하나로서 일하는 재정적으로 어려운 경우로 나뉜다(J. Manyika et al., 2016). 이 중에서 부가적 수입을 위해 일하는 사람들은 이 일이 없어지면 다른 일을 위해 떠날 가능성이 높고, 이미 다른 일을 하고 있거나 일을 하지 않아도 되는 상태일 수 있어 변화하는 환경에 쉽게 적응할 가능성이 높다. 반면 주 수입원으로 플랫폼 노동을 하는 사람들은 다른 직업으로 전직하는 데 드는 기술과 숙련도의 문제도 있지만, 개인 단독으로 일을 하는 데 익숙하고, 건당 수수료 체계 내에서 자율적으로 일을 조직화하는 기존처럼 단독으로 일하는 것이 아니고 조직 내에서 일을 하게 된다면, 조직 내에서 행하는 업무에 얼마나 잘 적응할 것인가에 대한 고민이 생기는 것이다.

더군다나 현재 하고 있는 일에서 다른 직업으로 전직한다고 할 경우에도 해당 영역 역시 자동화와 인공지능으로부터 자유로울 수 있는가의 문제 역시 생각해 볼 필요가 있다. 앞서 언급한 음식점의 경우 경영은 모르겠으나, 요리사와 같은 직무는 96%의 확률로 대체될 것으로 보는 직업이다. 현재는 앱에 의한 노동 통제를 받고 그에 따라 움직이는 수준이지만 자동화된 기계에 의해 대체되기 전까지 어떤 일을 어떻게 하며 앞으로의 미래를 그릴 것인지에 대한 대비가 필요한 직종이다. 배달원이라는 직종이 전체 노동 인력의 1%가량이나 되고 특히 한창 일할 수 있는 연령대의 인력이라면, 이들에 대한 향후 직업 교육에 대한 계획은 코로나19 이후 시기 우리에게 과제가 된다.

3장

우리가 고민해야 할 것들:
지속 가능성

1. 플랫폼 경제와 고용 그리고 미래

1) 정규 노동과 긱 경제

우리나라에서 플랫폼 노동이라 불리는 앱 기반 일시 고용 형태는 긱 경제gig economy라는 말로 불린다. 긱gig은 원래 미국 재즈 공연장 주변에서 즉석에서 섭외해서 같이 공연하는 세션맨과 같은 단기 공연자들을 일컫는 말이었다. 나중에, 수요 기반on-demand 경제라는 말과 함께 쓰이면서, 일시적인 계약관계를 맺고 일을 하는 경제 형태의 의미, 특히 우버Uber나 리프트Lyft처럼 기술 기반 중개 플랫폼과 관련된 용어로 발전되었다. 플랫폼 노동은 시간이나 지속성에 중점을 두기보다는 특정한 업무task에 대한 수요 중심으로 이루어진다. 특정한 업무에 관한 수요가 요청되면, 업무와 관련된 일에 종사할 수 있는 누군가를 찾는다. 그 누군가에 의해서 업무 완료가 이루어질 수 있다면, 누가 업무를 요구한 사람과 지속적인 관계를 맺는지는 전혀 중요하지 않다. 이와 같은 노동의 형태에서는 그 누군가가 어떤 특별한 기술을 갖고 있는지의 여부보다는, 광범위하게 많은 인력풀을 한꺼번에 동원하여 해당 업무를 수행할 수 있는지에 더욱 관심을 둔다. 업무의 난이도에 따라 자격 요건이 다르고, 업무 능력에 대한 신뢰도를 평가해야 하는 문제가 남아 있지만, 고난이도의 업무를 수행할 수 있는 특정한 기술은 대개 광범위한 사람들이 갖고 있는 것이 아니기 때문에, 업무 수행자를 대중—이른바 크라우드crowd—에서 찾는 방식이 플랫폼 노동인 셈이다.

그런데 플랫폼 노동을 이렇게 살펴보면, 이른바 비정규 파견 노동 혹은 일용직 시간제 노동과 다를 바 없다. 앱을 통한, 즉 사람을 통한 중개가 이루어지지 않을 뿐 인력시장에서 사람을 찾는 것과 유사한 특징을 갖는다. 이러한 특성 때문에 플랫폼 노동의 형태를 선대제putting out system 가내 수공업까지 올라가서 유사성을 찾는 연구도 있다(M. W. Finkin, 2016). 중개업자들이 가내 수공업 노동자들에게 재료와 노동 지시 사항을 전달하고, 노동자들이 부여된 업무를 마무리하면 해당 물품을 전달받아 물류 창고로 보내거나, 다음 작업자에게 중간재로 넘기는 일이 선대제였으니, 선대제와 다른 바가 무엇이냐고 묻는 것이다. 또한 노동 통제가 사람에서 스마트폰 내 알고리즘으로 바뀌었을 뿐 무엇이 근본적으로 달라졌는가라고 묻제를 제기한다. 선대제까지 가지 않더라도, 통상적인 비정규 파견 용역 노동과 무엇이 다르냐는 의문도 제기된다. 플랫폼 노동이 선전하는 '자유로운 시간 활용'이라든가 건당 일을 마무리하는 형태의 노동이 사실은 인공지능과 같은 알고리즘 형태의 보스에 의해 통제되는 세상이므로, 용어 선택을 통해 플랫폼 노동을 새로운 혁신인 것처럼 위장했다는 견해도 있다(J. Prassl, 2018).

물론 초창기에 긱 경제를 혁신으로 보고 찬사와 함께 긱 경제를 혁신의 아이콘, 앞으로 다가올 미래를 선취하는 미래 기업의 모범 사례로 보는 경우도 많았다. 예를 들어, 팀 오라일리 Tim O'Reilly(맞다. 여러분이 생각하는 그 사람이다. 프로그래밍과 관련된 수많은 책들을 정리해서 내는 O'Reilly Media의 소유자)와 같은 사람은 사람과 일감의 연결, 수요과 공급의 연결을 네트워크로 일체화해 내고, 이를 자동화된 방식으로 관리 운영할 수 있는 획기적인 미래 비즈니스 모델이라 보고 칭찬을 마다하지 않았다.

오라일리가 생각하는 미래 경제의 모습은 네트워크 시장 플랫폼이 중심에 서 있고, 수요와 공급자가 자동화된 알고리즘으로 이어지면서 평판 체계를 중심으로 자율적인 상호 작용 속에 시스템이 물 흐르듯이 흐르는 시스템이다. 다음 그림에서 빈칸은 비즈니스 종류에 따라 채워질 내용이지만 기본적으로 수요-공급 간의 끊임없는 연결, 알고리즘을 통한 자동화된

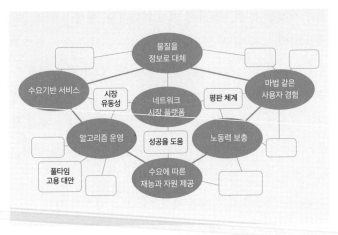

그림 20 오라일리가 그리는 미래 경제를 위한 비즈니스 모델(출처: T. O'Reilly, 2018 내용 기반 제작)

운용, 평판 체계를 활용한 자기조직화 등을 기본으로 하는 프레임이다.

하지만 이를 다른 방식으로 표현하면, 정보기기 기반 통제로 끊임없이 제공되는 노동력을 탄력적으로 수요에 따라 운영하면서, 시스템 자동화를 이루어 커다란 혁신이 크게 필요 없는 사업모델이기도 하다. 다음은 오라일리가 생각하고 있는 미래 경제의 비즈니스 모델을 필자가 노동 관점에서 다시 그린 것이다. 이렇게 볼 경우, 해당 비즈니스 모델은 노동 중계를 통해 사업을 영위하는 중간자 모델과 마찬가지이며, 지속적으로 중개 단가가 올라가지 않는 한 어느 정도 사업이 궤도에 오

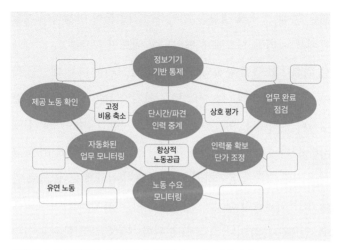

그림 21 노동 관점에서 다시 만든 오라일리가 그리는 미래 경제

르면 새로운 성장을 하기 어려운 모델이기도 하다. 따라서, 지배적인 위치에 오를 때까지 지속적인 경쟁을 수행하며, 일정한 위치에 오르게 되면 이윤율을 올리기 위한 수수료 변경 등의 방식이 동원된다. 생산성의 향상 없이 이윤율 저하의 법칙을 막는 방식을 폴 스위지라는 마르크스주의 경제학자가 오래 전에 독점 자본주의체제라 부른 적이 있는데, 그 서술과 내용이 역사적으로 빗나간 것은 둘째 치고서라도 적어도 기업의 행위에 관련된 맥락에서는 이러한 움직임을 이해하는 관점으로 볼 수는 있다.

그런데, 이러한 노동 시스템에서 중요한 것은 이러한 시스템을 통해 경제적 생활을 영위하는 사람들이 안정적인 생활 속에서 이러한 시스템에 편입되어 있으면 모르겠으나, 생계를 위해 시스템에 종속되어 있는 경우, 그리고 다른 대안을 찾아 이 시스템 외의 다른 시스템을 찾기 어려운 경우 문제가 발생한다는 점이다. 이들은 경쟁이 줄고 시장점유율이 올라감에 따라 나타나는 노동 대가율의 하락을 고스란히 받게 되고 그러면 기존 소득을 유지하기 위해 더 많이 일하게 된다. 그로 인해 모든 사람들이 더 많이 일하게 되니 노동 단가는 더 낮아지고, 인력풀은 늘어나고, 그런데 위험 부담은 개인화되고 이러한 연쇄적인 흐름이 이어지게 된다.

2) 전 세계적인 규제 흐름

플랫폼 긱 경제가 번창하고 그에 종사하는 사람들이 늘어나는 가운데, 이들 플랫폼을 가지고 일을 하는 사람들의 노동자성을 인정하는 규제와 판결이 지난 수년간 전 세계적으로 잇달아 나오게 되었다. 2015년에는 캘리포니아에서 우버 운전기사를 주 법상의 근로자로 인정하는 판결이 있었고,[20] 2016년에는 영국의 고용심판소employment tribunal가 우버 운전사들의 구제

20　O'Connor v. Uber Techs. – 82 F. Supp. 3d 1133 (N.D. Cal. 2015). https://www.lexisnexis.com/community/casebrief/p/casebrief-o-connor-v-uber-techs-1206877015

신청을 받아들여 우버 운전사들의 노동 지위가 자영업 계약자 self-employed contractor인지 아니면 고용된 노무 제공자worker인지에 대한 여부 심사에서 노동자성을 인정하고, 근로자employee로 볼 수는 없으나 노무 제공자는 맞다고 인정했다(한국노동연구원, 2017).

2015년에 『새로운 형태의 고용New forms of employment』(Eurofound, 2015)이라는 보고서를 낸 EU는 새로운 형태의 고용이 고용관계, 업무 패턴, 네트워킹의 영역에서 구분된다고 보면서, 전통적인 고용관계와 다르다고 보았는데, 2018년에 '디지털 노동 플랫폼에 관한 유럽의 법적 프레임워크'(V. De Stefano & A. Aloisi, 2018)를 만들고 2019년에 플랫폼 노동자들의 최저 노동 기준을 마련했다. 특히 2018년의 디지털 노동 플랫폼에 대한 프레임워크 문서에서는 디지털 노동 플랫폼이 규제가 미치지 않는 영역에서 성장하면서 노동법을 미준수하고 그로 인해 세금 납부 및 사회보장 제공 의무를 준수하지 않아 경쟁 우위를 확보했다는 점을 강조했다.

2018년 미국 캘리포니아 법원은 그동안 플랫폼 노동자들을 분류해 온 기준이 잘못되었다고 보고, 이들이 임금 노동자로 분류되어 최저임금, 업무상 사고에 대한 산재보상, 실업보험, 유급병가, 유급가족휴가 등의 기본권과 법적 보호를 받아야 한다고 판결을 내림으로써, 디지털 플랫폼이 기존의 노동법을 준수하는 영역에서 노동관계를 인정할 것을 요구했다.

코로나19가 길어지면서 이러한 보호 조치들은 더욱 강화되었는데, 영국의 대법원은 2021년 2월에 우버 드라이버들이 최저임금 보장과 유급휴가를 받아야 하는 대상이라고 판단했고, 미국에서는 코로나19 팬데믹으로 인한 긴급 자금 지원 PUA를 우버와 같은 플랫폼 노동자들도 받을 수 있도록 했다. 이탈리아의 밀라노 법원은 노동 안전법 위반 혐의로 우버이츠 등에 7억 3,300만 유로를 벌금으로 부과했고, 스페인의 마드리드 주정부도 플랫폼 노동자에게 근로자의 지위를 부여하는 등 전 세계적으로 노동자성을 인정하는 판결과 규제가 속속 도입되고 있는 실정이다(S. S. Borrelli & D. Ghiglione, 2021).

이러한 추세들을 정리하면, 플랫폼 노동자에 대한 규정에 앞서 전체 노동과 관련된 표준적인 규제 프레임을 만들면서 적용되어야 하는 원칙을 확인하고, 실제 적용에 있어서는 기존 노동법 준수를 요구하는 방식으로 이루어지고 있다. 특히 노동자로 분류되는 규정에 있어서 계약서 자체보다는 계약서 이면에 있는 내용을 보고자 하는 경향도 확인되고 있다(J. Prassl, 2018). 따라서, 계약서에 진술되어 있는 상황 또는 계약서에서 규정하고 있는 내용만 살피기보다는 그러한 계약관계에서 일을 수행하는 사람의 권리관계, 실제 업무에서의 지시관계 등에 대한 다양한 접근법을 취하고 있는 셈이다. 예를 들어 미국의 경우 2020년 9월 "경제적 현실" 테스트라는 이름의 현실에 기반한 판별 테스트로 연방정부 규정에 새로운 섹션을 만드는 것을 제안했는데, 독립 계약자인지 고용인 지위인지를 결정하기 위해 다섯 가지 상황에 대한 시험을 수행한다. 여기서 다섯 가지 사항은 "노동 통제의 정도, 이익과 손실의 기회, 설비에 대한 투자, 관계의 영속성, 그리고 독립적인 운영을 위해 필요한 기술"이다. 결과적으로 서류를 보여 주거나, 계약관계에 대한 명시 등과 같은 매우 기본적인 사항만을 살피는 것을 넘어 실제적인 업무 수행 과정 전반을 살펴보는 방식이다.

그런데 한 가지 생각해 보아야 할 점은 점차적으로 이러한 규제가 강화되는 흐름이 더욱 빠르게 감지되고 있는데 왜 이러한 규제들이 여러 국가에서 부상하고 있는가이다. 여러 가지 이유가 있겠으나 가장 중요한 내용은 저임금으로 인한 노동 조건의 악화, 그리고 개인에게 책임을 물리는 노동 형태가 사회 전체적으로 악영향을 끼치리라 보고 있기 때문이다. 예를 들어, 일을 하면서 생계를 유지하고자 하는 사람은 적극적인 노동 의지를 가지고 있는 사람으로 보아야 한다. 그런데 이러한 노동 의지를 가진 사람의 노동을 보호하지 못하고 이들의 생계가 장시간 노동에 의한 건강 위협, 끊임없는 교통법규 위반에의 노출, 사고 위험 등 수많은 형태의 위험에 무방비로 노출되도록 두는 것은 개인뿐만 아니라 사회적으로도 손실이다. 무엇보다 이런 상황에서는 사회가 디지털 혁신을 통해 달성하고자 하는 목표를 ─그것이 무엇이든지 간에─ 성취하기 어려울 뿐만 아니라, 더 이상 성장할 수 없는 사회가 되어 미래의 사회적 전망을 어둡게 할 수밖에 없다. 우리는 이와 비슷한 예로 비정규직 보호 및 산업재해와 관련된 많은 법안과 규칙이 있지만 결과적으로 우리의 청년들이 산업재해에 노출되고, 특히 비정규 노동자로서 보호받지 못하는 것을 보고 있다. 제조업과 중소기업의 청년들이 비정규직으로 일하며 보호받지 못하는 상태에서, 플랫폼 노동에서도 최저임금으로, 장시간 노동에 시달리며 보호받지 못하거나, 배달과 관련하여 차간 주행에 내몰리는 상황은 사회 전체의 지속 가능성에 매우 부정적인 영향을 끼칠 수밖에 없다.

3) 지속 가능한 사회를 위해 우리가 할 일들

2020년 12월 15일 EU는 2015년에 내놓았던 새로운 형태의 고용 분류를 업데이트하는 문서를 작성했다. 새로운 형태의 고용 분류는 고용인 공유employee sharing, 직무 공유job sharing, 바우처-기반 노동voucher-based work, 임시 매니지먼트Interim management, 비정기근로casual work, ICT-기반 모바일 노동ICT-based mobile work, 플랫폼 노동platform work, 포트폴리오 업무portfolio work, 협업 고용collaborative employment의 9개로, 이러한 구분에서 흥미로운 것은 그 이전 2015년에 클라우드 고용crowd employment이라고 정의했던 것을 명확하게 플랫폼 업무로 구분한 점이다. 이전의 웹상에서 모집하여 웹상에서 특정한 업무를 완료하는 좁은 형태에서, 더욱 확대된 형태의 플랫폼 기반 업무로 정의한 것이다.

이와 동시에 해당 업무가 가지고 있는 기회와 위험 요소를 분석하였다(Eurofound, 2020). 우선 장점을 설명하면서 1) 플랫폼 노동은 노동시장 접근이 쉽고, 업무가 명확하게 정의되고 2) 부가적 소득의 원천이 될 수 있으며 3) 자영업에 대한 촉매제가 되고 4) 시간을 유연하게 정해서 일할 수 있으며 5) 적절한 소득을 얻을 수 있고 6) 다른 직무로 연결될 수 있는 기술 발전이 가능하며 7) 인간관계로부터 해악을 받을 가능성이 적고 8) 직무상 나타날 수 있는 건강상의 위험 정보를 알기 쉽다는 점을 들었다. 그리고 위험 요소로는 1) 노동시장이 분절화되어 있고 2) 고용 지위가 모호하고, 사회보장을 받지 못하는 문제가 있고 3) 가지고 있는 직무 기술 발전이 없으며 4) 자율성이 부족하고 5) 고객 평가의 객관성 문제가 있으며 6) 고지 기간이 짧고 7) 노동 강도가 높으며 8) 플랫폼 경제에서 경력 전망이 없고 9) 일한 만큼 받는 정도가 일반 노동 시장 수준보다 낮으며 10) 건강과 안전상의 책임 소재가 불분명하다는 점을 언급하였다.

여기서 흥미로운 점은 위기와 위험 요소에 묘하게 배치되는 점들이 있다는 점이다. 우선 가장 먼저 눈에 띄는 것은 '시장을 유연하게 선택하는 것'과 '자율성'이다. 또한 적절한 소득을 얻을 수 있는 기회인 것은 맞는데, 일반 노동시장에서 받는 수준보다는 적게 받게 된다는 점이다. 그리고 어떠한 건강상의 위험 요소가 있는지 정보를 알기는 쉽지만 책임 소재는 불분명하다는 점이다.

한 가지 가장 중요한 점을 요약하면 결과적으로 낮은 수준의 기술을 요구하는, 앞으로의 직업 전망은 좋지 않고 기술 개발 여력도 없는 직업이지만 당장 그럭저럭 하기에는 좋은 직업이 될 수 있다는 점이다. 물론 일시적으로 말이다. 장기간 종사하는 경우가 아직까지 많이 나오지는 않았지만 이 직종에서 오래 종사할 경우에도 현재의 최저임금 수준에서 크게 발전하기 어려운 직업이라는 뜻이기도 하다. 그런데, 노동 인력이 이와 같은 플랫폼 노동으로 채워지는 사회가 과연 성장 가능성을 가진 사회인지 되돌아볼 필요가 있다.

이와 같은 사항은 굳이 EU의 보고서가 아닌 우리의 플랫폼 노동 종사자들에게 물어봐도 알고 있는 사실이다. 플랫폼 노동자들을 운송을 중심으로 한 지역 기반 서비스 노동자와 웹을 기반으로 한 전문 서비스 및 IT 디자인 노동자 등으로 구분하여 일자리 만족도를 조사한 결과 지역 기반 플랫폼 노동자

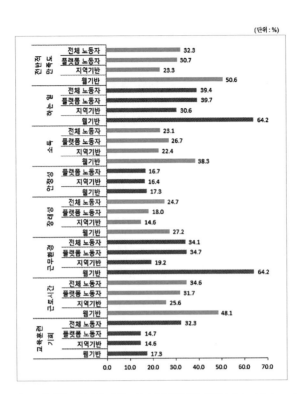

(단위 : %)

그림 22 플랫폼 노동자와 전체 노동자 일자리 만족도 비교(출처: 남재욱, 2021)

들이 모든 항목에서 낮은 점수를 보였다(남재욱, 2021). 지역 기반 플랫폼 노동자는 전체 노동자보다 전반적인 일자리 만족도 최저, 하는 일에 대한 만족도 최저, 소득에 대한 만족도 최저, 장래성에 대한 평가 최저, 직업 안정성 최저, 근무환경 만족도 최저, 근로시간 만족도 최저, 교육훈련 기회 만족도 최저였다.

노동자성 인정과 관련된 갈등이 있는, 어쩌면 노동자로서 보호받지 못하는 직종에서 단기간 있을 생각으로 종사하다 장기간 종사하고, 장시간 노동을 통해 생계를 유지하는 젊은 노동 인력이 많다는 건, 그 사회의 장기 발전을 위한 인력과 자원 손실이 크다는 것을 의미한다.

따라서 앞으로 건강하면서 지속 가능한 사회를 이루기 위한 정책들은 다음과 같다. 1) 우선 노동 환경 개선과 관련된 표준점을 마련해야 한다. 2) 현재 플랫폼 노동에 종사하는 인력들이 현재의 노동을 일종의 경력 사다리로 활용하고 이후 다른 직무나 업무로 전환을 수행하고자 할 때 이와 관련된 교육 훈련이 가능한 경제적 사회적 지원 환경을 만들어야 한다. 3) 적절한 일자리 공급 대책이 동시적으로 제공되어야 할 필요성이 높다. 부가적으로 이 과정에서 노동자성을 둘러싼 사회적 담론과 합의도 충분한 시간을 가지고 진행되어야 할 필요도 있다.

배달 플랫폼을 놓고 보면 현재는 코로나19 초기 마스크 대란 때처럼, 수요가 높아 공급 특히 노동 인력이 많이 투입되어 산출량을 높이고 있는 시장이므로 시장에 있는 배달원들이 수익을 올릴 수 있는 구조이다. 그러나 팬데믹이 끝나고, 수요가 줄어들 뿐만 아니라 분산화되면서 강남과 같은 지역을 제외하고 수익이 낮아지는 경우에 수많은 인력들이 어떤 노동시장으로 편입될 수 있을지 고민인 셈이다.

2.   지속 가능한 미래를 위한 노력: 인공지능, 신뢰

1) 플랫폼 노동의 담론: 설명 가능한 AI와 신뢰

2019년 5월 OECD는 OECD의 다섯 가지 AI 원칙을 발표하고 정부가 할 수 있는 다섯 가지 권고안을 발표한다(OECD, 2019). 다섯 가지 원칙을 살펴보면 다음과 같다. 우선 AI는 포용적 성장과, 지속 가능한 발전, 그리고 복지well-being 증진을 이끌어서 사람들과 지구에 혜택을 주어야 한다는 것이다. 그러니까 AI는 사람들에게 편리와 혜택을 가져다주는 사물이어야 한다는 의미다. 두 번째로, AI 시스템은 법체계, 인권, 민주적 가치와 다양성을 존중하는 방식으로 설계되어야 하며 필요할 때 사람이 개입할 수 있는 안전장치를 통해 공평하고 공정한 사회를 보장해야 한다고 말했다. AI가 나쁘게 쓰일 수도 있으므로 혹은 의도하지 않은 나쁜 결과를 가져올 수 있으므로 이에 대한 통제장치를 두고 모니터링할 수 있는 기제가 있어야 한다는 뜻이다. 세 번째로, AI 시스템에 대한 투명성과 책임성 있는 공개를 보장해야 하며 사람들이 AI에 기반한 결과를 이해할 수 있고, 그에 대한 해명을 요구할 수 있도록 해야 한다는 것이다. AI도 사람과 마찬가지로 잘못하면 해명해야 한다는 의미이다. AI가 (현재는) 잘못에 대한 사과는 할 수 없겠지만 적어도 왜 그런 결과가 나왔는지 사람들이 납득할 수 있어야 한다는 의미이다. 네 번째로, AI 시스템은 안정적이고 견고하며 안전한 방식으로 기능해야 하며 잠재적인 위험성이 지속적으로 평가되고 관리되어야 한다는 것이다. 마지막으로 AI 시스템을 개발하고, 운용하며 시행하는 조직과 개인들은 위의 네 가지 원칙에 따라 AI 시스템이 기능할 수 있도록 책임을 져야 한다는 것이다.

이와 같은 원칙을 이야기하는 이유는 우리나라 사회에서 AI라는 단어가 남용되거나 오용되면서 특정한 상황을 벗어나고자 하는 책임 회피성의 용어로 사용되는 경향이 있고, 그로 인해 단순히 해당 상황뿐만 아니라 전반적인 AI에 대한 사회 불신을 초래할 수 있다고 보기 때문이다. 또한 AI 기술력에 의한 것이 아닌 것으로 보이는 것도 AI에 의한 것으로 설명하면서 마치 AI가 모든 것을 결정하는 인상을 줌으로써 사람의 책임을 회피하는 것 역시 미래 발전을 위해 개선되어야 할 사항으로 보기 때문이다.

단도직입적으로, 앞선 장에서 직선거리 등으로 지적했던 AI 배차의 문제가 단순히 노동 문제를 넘어서서 우리 사회의 AI와 관련된 불신을 야기하고 위에서 언급한 모든 원칙에 위배되는 악성적 사례가 될 수 있다. 배달 플랫폼 노동뿐만 아니라, 앞으로 다가올 우리나라 미래 사회에 적용될 수 있는 무수한 AI 기반 서비스들에 대한 효용성과 신용에 대한 의구심을 가져오는 사례가 됨으로써, 우리가 발전시키고자 하는 AI 기반 미래 사회, 4차 산업혁명시대를 살아가기 위한 다른 수많은 영역의 노력을 무위로 만드는 일이 생길 가능성을 차단할 필요성이 있다. 예를 들어, 직선거리를 기준으로 한 임금 체계를 AI 시스템으로 설명하거나, 비합리적인 등급 평가 체계를 AI 시스템이 진행하는 것이라 설명하기 어렵다고 하는 것은 위의 AI 원칙에 정확히 위배되는 것은 둘째 치고, 실제로 AI가 운용되는 것이 맞는지에 대한 의심을 불러일으킬 정도이다.

그동안 우리나라에서 AI와 관련된 긍정적인 사회적 인식은 필요한 기술이라든가 우리에게 무엇인가를 가능하게 만드는 기술이라는 초기 인식에서부터 출발하여 점차적으로 AI가 효율성을 높이고 최적화된 결과를 만들어 내는 혁신적 도구로서 기능한다는 인식으로까지 발전하여 왔다. 그에 따라, AI 기술에 대한 이해도도 상승하였다. 인터넷에서 인공지능과 같이 언급되는 단어들을 분석한 결과인 다음의 두 그림을 보면 이러한 내용이 잘 드러난다.

두 그림은 2015년 상반기부터 2020년 하반기까지, 인공지능으로 검색했을 때 인터넷상에서 나타나는 글에 '인공지능'과 함께 쓰인 단어들의 빈도를 정리한 것이다. 해당 자료는 빅데이터 소프트웨어 업체의 특정 서비스로 얻은 것으로, 단순히 AI가 필요하다는 당위성 수준의 이야기에서 구체적으로 AI가 하는 역할에 대한 수식어까지 담론에 등장하는 형태로 바뀌었다는 것을 보여 준다. 예를 들어, '최적', '효율'이라는 단어는 AI가 실제로 동원되는 작업에 대한 설명이다. 최적화와 효율화가 AI 알고리즘이 추구하는 기본적인 작동 방식이다.

AI에 대한 부정적인 사회적 인식 역시 매우 구체적으로 발전해 왔다. 초기 AI에 대한 막연한 두려움이라든가 AI가 사람의 노동을 대체한다는 것과 같은 생각에서부터 출발한 생각들이 보다 구체적인 차별 가능성, 가짜 사실을 기반으로 한 혐오를 만들어 내는 부정적 영향 등 정확한 맥락을 기반으로 한 인식으로 발전해 왔다. AI가 가진 부정적 영향이 특정되고 있는 것이다. 이는 AI에 대한 정보 역시 많아지고 AI에 대한 바람직한 담론이 형성되어 온 과정이라 볼 수 있다.

하지만, 설명이 불가능한 AI 시스템 그리고 특정한 시스템이 불공정하고 불합리해 보인다고 생각하여 설명을 요구하는

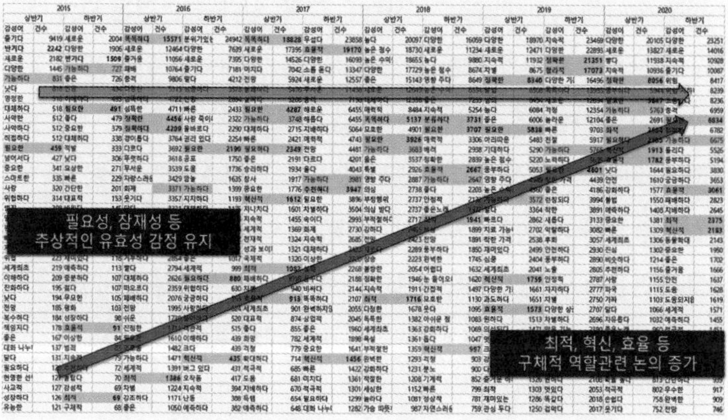

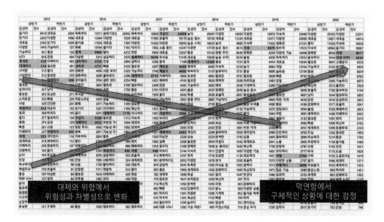

그림 23 2015~2020년의 인공지능 단어에 대한 긍정적 감성 분석(출처: 윤호영, 2021)

그림 24 2015~2020년의 인공지능 단어에 대한 부정적 감성 분석(출처: 윤호영, 2021)

경우에 AI에 대한 진술로서 '사람은 알 수 없다'는 언명은 결국 우리 사회에서 AI가 마치 특정한 책임을 회피하기 위한 만병통치약으로 제시되고 그에 따라 AI는 아무도 책임지는 사람이 없는 것이라는 인상을 줄 우려가 있다. 그리고 AI라는 '단어'로 설명을 하게 되면 법적인 강제나 책임으로부터 자유롭다는 인식을 만들어 낼 가능성이 높으며 그에 따라 어떠한 상황이라도 AI라는 알고리즘을 거치면 면죄부가 부여되는 상황이 만들어질 가능성이 높다.

우리는 이미 이와 비슷한 상황을 개인정보 보호에서 찾을 수 있다. 개인정보 보호법을 정부가 만들고 시행에 들어갔지만, 이미 우리의 주민등록번호는 여러 차례 노출된 이후여서 공공정보라 불릴 정도이고, 개인정보 보호법 때문에 서류 요청 시 주민등록번호만 알려 주던 것이 동의서까지 같이 제출해야 해서 행정적 처리만 늘었다는 푸념이 나오기도 한다. 이 모든 과정에서 '기술적 조치'에 대한 면죄부의 범위가 넓었기 때문이라는 일련의 말이 있는 것처럼, AI가 그와 비슷한 면죄부로 취급되는 것은 앞으로 소프트웨어 강국을 꿈꾸는 4차 산업혁명 사회의 걸림돌이 될 것이다. 이는 결과적으로 플랫폼 노동만의 문제가 아니며 향후 미래 사회 기술 변화에 있어 우리 사회에서 이에 대한 수용을 거부하거나 지체시키는 문화적 요인이 될 수 있다.

그런 점에서, 공정한 알고리즘과 설명 가능한 알고리즘에 대한 감시 기능을 넘어서, 합리성을 지닌 AI 시스템을 보호할 수 있는 담론, 불합리한 내용으로 보이는 진술을 AI를 언급하며 회피하는 경우에 대한 사회적 검증이 필요하다. 이러한 방식을 플랫폼 노동을 넘어서는 일반 AI 시스템에 대한 사회적 신뢰로 보고, 우리 사회 구성원들이 적극적으로 대응할 필요가 있다. 현재 정부는 인공지능 사회에 대한 긍정적인 사회적 인식 제고를 추진하고 있는데, 이와 관련하여서도 반드시 필요한 작업이다.

2) 인공지능과 직업 안전 보건

플랫폼 노동에서 보았듯이, 이제는 알고리즘을 활용한 업무 감독 및 모니터링 그리고 이를 바탕으로 한 새로운 제품 및 서비스 개발이 활발한 시대이다. 쿠팡 물류센터에서 AI 알고리즘에 의해 노동자가 최적의 동선으로 물건을 실어 모아 배송 준비를 하거나, 배달의민족 배달원에게 제품의 픽업과 배송 그리고 걸리는 시간을 제시하는 것이 그 예이다. 플랫폼 노동에서 흔히 '알고리즘 보스algorithm boss'가 업무 지시를 내리는 경우에 대한 윤리적, 사회적 의미 역시 논의되고 있다(J. Adams-Prassl, 2019). 물론, 알고리즘이 판단하여 내리는 지시가 사람에 의한 경영진이 내리는 판단보다 훨씬 더 성과가 높은 것도 사실이며, 수많은 사람들을 한꺼번에 운영하여 업무를 수행하는 것에서 자동화된 시스템이 아니면 불가능한 점도 지적되고 있다(S. O'Connor, 2016). 알고리즘을 통해 노동 인력을 활용하는 회사에 대한 권고 사항도 나왔다. 우버 운전자들을 대상으로 한 연구에서는 정보를 공유하고, 피드백을 받고, 실제 사람과 접촉하도록 하고, 신뢰를 쌓는 방법이 알고리즘에 의한 지시 감독을 받는 노동자들을 운용하는 데 있어서 필요하다고 밝히고 있다(M. Möhlmann & L. Zalmanson, 2017).

실제 알고리즘에 대한 정보 공유나 사람과 같은 형태의 의인화 또는 피드백 구조도 중요하지만, 앞으로 플랫폼을 기반으로 한 노동이 확산된다는 전제하에 더욱 필요한 것은 오히려 알고리즘에 따른 노동이 수행되었을 때 나타날 수 있는 직무 위험이라든가 건강상의 피해와 같은 점들을 알고리즘이 또는 이를 기반으로 판단을 내리는 인공지능이 인지하도록 설계되었는가와 같은 지점이다. 예를 들어, 물류센터에서 단위 시간당 일정한 양의 물건을 옮기도록 지시하는 알고리즘 기반 단말기를 사용하는 노동자들의 업무 관련 부상과 질병이 증가해 가는 추세를 알고리즘이 고려하고 있는가와 같은 것들이다(M. S. Kim, 2021).

알고리즘과 건강 간의 관계는 플랫폼 노동에만 있는 것이 아니다. EU 의회에 보고된 보고서는 로봇과 함께 팀을 이루어

일을 하는 일명 코봇Cobot과의 업무에서 나타날 수 있는 직업
상의 안전과 보건과 관련된 문제에 대해서도 정책 연구를 진
행해야 한다고 보고한 바 있다(European Union, 2019). 이러한 위
험에는 사회심리적인 위험 요소뿐만 아니라 실제 신체상의 상
해 가능성 등 잠재적인 위험 가능성이 새로운 노동 트렌드에
서 모두 발견될 수 있다고 보고 있으며, 자동화와 디지털화된
노동의 증가와 실제 규제 사이에는 당연히 공백이 있는 점도
지적한다. 현재까지 디지털화된 노동과 관련하여서는 코봇과
같은 현장에서 사람과 같이 일하는 로봇으로 인한 직무상의
위험과 연관하여 살펴보는 것이 플랫폼 노동보다 훨씬 더 논
의가 진전되어 있다(M. Jarota, 2009).

자동화와 관련하여, 의사결정 시스템을 위해 인공지능을 활
용할 경우 직무상의 건강과 안전과 관련된 사항을 반드시 점
검하는 노동 환경이 되어야 앞으로 우리의 미래 일터가 지속
가능한 일터로서 사회가 성장할 수 있는 계기가 될 수 있을 것
으로 보인다. 실제 인공지능이 판단하는 방식을 결정짓는 알
고리즘을 설계하는 사람은 해당 판단 시스템을 맞추기 위해
사람들이 들이는 노력, 인공지능이 내리는 지시 사항을 위해
법규를 위반하며 칼치기로 운전하는 등 여러 가지 무리한 상
황에 대한 인식을 하기가 어렵기 때문이다. 단순히 데이터 및
숫자로 되어 있는 결과치를 보고, 그 결과치로부터 효율화, 최

적화를 이루기 위한 노력을 하기 때문에, 오히려 무리한 지시 사항을 수행하는 사람들의 능력을 극단으로 밀어붙이며 사회적인 손실이 더욱 극대화될 수 있다는 점을 고려해야 한다. 기업 역시 이러한 점들을 고려하여, 개발자들을 실제 업무에 익숙해지도록 하는 등 여러 가지 시도를 수행할 수 있다. 알고리즘 최적화로 인해 업무 생산성이 올라갈 수 있지만 이러한 향상에 비해 감수해야 할 위험도가 매우 높다는 점을 인식할 필요가 있다.

3) 인공지능 알고리즘보다 학습 데이터

코로나19가 발생하자 인공지능을 활용하여 코로나19를 진단하고자 하는 노력이 있었다. 그 결과를 요약한 영국 의학 저널에 따르면, 환자의 증상을 진단, 예측하고자 하는 232개의 알고리즘 중에 의학적으로 활용 가능한 것은 아무것도 없었다 (L. Wynants et al., 2020). 폐를 CT 촬영한 이미지로 딥 러닝을 통해 코로나19를 진단한 415개의 출판물을 리뷰한 연구 역시 사용할 수 없는 결과라고 결론 내렸다(M. Roberts et al., 2021). 우리는 생명과 관련된 의학적 진단에는 매우 신중한 태도를 보이지만 막상 노동과정과 관련된 알고리즘의 적용에는 신중한 태도보다 일단 적용하고 보자는 태도가 앞서는 경향이 있다. 인공지능과 알고리즘의 판단과 관련된 문제들을 일반적인 논의로 확대시켜 보면, 대부분 인공지능이 활용되는 알고리즘의 문제라기보다는 해당 알고리즘이 학습하는 데이터의 편견이 문제인 경우가 많다(K. Kirkpatrick, 2017). 상술한 코로나19 진단의 경우도 학습 데이터의 문제였다. 부정확한 데이터, 검증되지 않은 데이터들이 학습 모델에 투여되었고 결과적으로 쓸 수 없는 모델이 대량으로 양산된 것이다(W. D. Heaven, 2021).

플랫폼 노동과 인공지능, 그리고 노동시장과 관련된 인공지능의 영향을 이야기할 때, 정밀한 학습 데이터에 기반한 사례가 필요하다. 그리고 이러한 데이터의 수집 과정 전반을 살펴보는 과정 속에서 미래의 직업 전망과 앞으로의 인공지능이 어떻게 노동시장의 지속 가능성을 도울 수 있는지 살펴보는 작업이 그다음 수순이 될 것이다. 데이터는 윤리적인 고려를 하지 않기 때문에, 어떤 데이터가 선택되고 투여되는가에 따라 학습 결과가 달라지고 그에 따른 사회적 영향도 달라지게 되며, 그에 따른 노동 이슈도 달라지게 될 것이다.

하지만 학습 데이터 문제 역시 쉬운 문제가 아니다. 예를 들어, 특정한 노동시장에서 발생하는 실업 문제를 이후 데이터 학습을 통해 해결한다고 하더라도 여기에는 개인정보 보호 문제, 공공 정책이 가져야 하는 책임성, 데이터 자체가 가지고 있는 오류 가능성, 알고리즘이 고려하지 않는 윤리 등 매우 다양한 측면에 대한 진지한 고려와 숙고가 필요하기 때문이다. 빠르게 정책적 대안을 내기보다는, 기존의 방법처럼 다양한 실익과 피해 등에 대한 타당성을 조사하고 알고리즘 문제 해결이 필요한 것인지 아니면 기존의 방식이 더 뛰어난 것인지 살펴보는 접근법이 필요할 것이다.

본 글의 서두에서 이야기했던, 사례가 없는 문제에서 실패할 수 있는 예측 가능성을 생각한다면 노동시장에서 인공지능을 비롯한 알고리즘 문제는 지금보다 더 신중한 접근법이 필요하다.

4) 구체적 기술 기반 고용영향 평가

2015년 영문 학술 저널인 『Social Science Research(사회과학 연구)』에는 한국의 교육과 임금 간의 관계를 다룬 흥미로운 논문 한 편이 발표되었다. 논문은 먼저 한국의 대학 진학률이 1990년대에는 30%가 넘는 수준이었는데 그 후 15년 동안 80%에 육박하게 되었다는 사실을 지적하였다. 그다음 질문을 던졌다. 이렇게 모두가 대학을 가면, 흔히 알고 있는 '대학을 가야 소득이 늘어난다'는 사실이 되는 것인가? 대학 교육이 임금 상승 효과를 가져오기는 할 것인가? 모두가 대학을 가는 마당에? 대학교가 많아지지 않았다면 대학에 가기 어려웠을 것으로 보이는 친구들이 ―수치상으로 과거 대비 비율로 쪼개서 생각해 보는 것이다― 대학 교육을 받게 되어 임금 격차를 줄이고 있는

가?(S. Choi, 2015)

해당 논문의 결론은 이렇다. 대학의 확대로 인해 대학을 갈 수 있게 된 남성은 노동에 대한 수요의 증가로 혜택을 받게 되지만 대학 교육에 따른 프리미엄을 얻지는 못했다. 대학 교육은 학벌로서 성격이 크고, 실제 업무와 관련된 기술 숙련도가 대학 교육에서 늘어난 것이 아니다. 다만 노동시장의 전망이 좋아서 취직은 잘 되었다는 것. 그러나 같은 상황의 여성은 대학을 감으로써 새로운 기술을 익혔고 대학에 가지 않았을 때보다 더 많은 임금을 받을 수 있는 기회가 되었다. 대학 교육이라는 학벌 효과가 아니라 실질 기술의 증가가 임금과 연결되었다는 것. 하지만 노동시장 자체가 남성을 중심으로 분절화되어 있기 때문에, 이러한 기회가 여성에게 크게 나타나지는 않았다는 것이다.

교육의 효과는 일괄적이지 않고, 노동시장의 상황에 따라 매우 다이내믹하게 움직인다. 직업도 마찬가지이다. 개발자들이 40대 넘어 은퇴하면 다들 치킨집을 차린다고 하던 때가 있었는데, 이제는 개발자가 없어서 40대 은퇴는 옛말이라 말한다.[21]

---

21 클리앙 모두의공원의 2021년 2월 23일 자 다음 글 참조(작성자: Magnuz). "40대 되면 개발자 은퇴해야 한다는 20년 전 커뮤니티 여론은 틀렸군요." https://www.clien.net/service/board/park/15914005

세계경제포럼에 따르면, 코로나19가 기업들로 하여금 디지털화를 가속화하도록, 재택근무를 늘리도록, 자동화를 증가시키도록 변화시키고 있다(V. S. Ratcheva & G. Hingel, 2020). 이미 온라인 화이트칼라 노동의 경우 미래가 다가와 있으며, 기술의 이중의 영향력에 의해 노동시장의 불평등이 가속화될 수 있다고 본다. 당연하게도 세계경제포럼에서 제시하는 해법은 재교육이다. 2025년이라는 미래 시점에서 최고의 열 가지 능력은 분석적 사고와 혁신, 적극적 학습 및 학습 전략, 문제 해결 능력, 비판적 사고 및 분석, 창의성, 리더십, 기술 활용 및 모니터링, 제어 등 이른바 노동시장 최상단에 있는 사람들에게 필요한 능력으로, 재교육이 필요하며 이러한 재교육은 다시 전 세계의 제조업과 서비스업이 없는 것처럼 장밋빛 전망으로 가득 차 있다.

그러나, 이러한 재교육이 효과를 보기 위한 가장 기본적인 전제 조건은 실제로 재교육 이후 원하는 일로 전환해 나간 성공 케이스들을 노동시장에서 보장할 수 있는가, 노동시장의 여력이 있는가이다. 앞에서 예를 든 논문의 경우 여성의 기술이 늘었지만, 실제로 해당 기술을 발휘할 수 있는 기회가 적어서 교육적 효과가 크게 나타나지 않는다고 보고하였는데, 구직 급여라든가 여러 가지 사회보장 제도를 통해 기본적인 생계를 유지하며 재교육을 받는다 하더라도 막상 재교육 이후 원하는 직업에서 일할 수 있는 환경이 아니라면, 경직된 노동시장 내에서의 재교육은 필요 없는 일이 된다. 적어도 원하면 가능한 정도의 유연성을 노동시장이 갖추어야 하며 이러한 유연성을 흔히 생태계 활성화라는 말로 언급되는 정부의 정책이 보장할 필요성이 있다. 그리고 그러한 사례들을 지속적으로 만들 필요가 있다.

플랫폼 노동뿐만 아니라 자동화와 인공지능, 로봇에 의해 없어지는 일자리가 달리 만들어지는 일자리로 대체되는 것은 —말이 없어지자 내연기관을 수리하거나 관리하는 직업이 생겨나서 더 많은 일자리가 만들어졌다는 것— 산업화시대 이야기일지 모른다. AI에 의해 대체되는 일자리가 해당 일자리뿐만 아니라 생산성 향상을 통해 AI와 직접적인 관련이 없는 다른 일자리를 없앤다는 보고가 나오고 있다(D. Acemoglu et al., 2020). 미래 이야기를 들어 보면, 전 도로에서 자율주행 자동차를 운행하게 되면 운전원이 줄어들 뿐만 아니라 교통경찰, 보험회사 직원, 레커차 직원, 차량 수리센터 직원 등이 모두 줄어들게 될 것이다. 자동화와 인공지능 자율주행의 영향이 플랫폼 노동자에게 집중될 것은 맞지만, 해당 시대가 되면 그 여파는 배달원들에게만 한정되는 것은 아니라는 이야기다. 자율주행만 놓고 보더라도, 자율주행 시대가 생각보다 빠르게 도착하면 이와 관련된 수많은 직종과 직업은 어떻게 될 것인지에 대한 보다 정밀한 논의가 필요하다. 자율주행 기술 개발과 그에 따른 경쟁, 산업 발전 담론 속에 실제로 이러한 기술 개발에 의해 나타날 수밖에 없는 기술적 실업 상태의 영향 평가가 해당 특정 기술을 중심으로 이루어지기보다 포괄적인 AI 영향 평가라는 이름으로 이루어지기 때문이다.

나가며

지속 가능한 노동 세계

지금까지 코로나19로 인해 가속화되고 있는 노동 세계를 플랫폼 노동을 중심으로 살펴보았다. 이 글이 모든 것을 다루고 있지 않으며 모든 시각을 담고 있지도 않다. 하지만 이 글에서는 처음에 제기했던 문제의식, "코로나로 인하여 가속화되어 변화하는 우리의 노동 세계는 과연 지속 가능할까"라는 질문에 산업-고용-노동의 측면에서 살펴보고자 했다.

앞서 서술한 논의들을 정리해 보면 다음과 같다. 플랫폼 노동과 개발자로 대표되는 불평등의 격차가 벌어지고 있으며, 코로나19로 인한 기업들 간의 경쟁이 격화되고 그로 인해 산업 재편은 온라인으로, 디지털 전환이 촉진되고 있다. 온라인 시대의 온라인과 오프라인의 경쟁은 플랫폼 노동자로 대표되는 특정한 연령대의 학력층으로 압축되고 있으며, 이들의 임금 수준은 자본 축적이 어려운 생계유지 정도의 수준인 것으로 파악된다. 플랫폼 노동은 끊임없이 기록되고 모니터링되면서 성과가 측정되고 있으며, 이를 기반으로 한 데이터는 플랫폼 회사의 미래 사업을 위한 소중한 자산이 되고 있다. 플랫폼 노동이 가지는 영향력은 개인 수준에 머물지 않고 환경, 기술 신뢰 등 여러 가지 형태로 사회 전체적인 영향을 크게 미치고 있으며, 이러한 영향의 사회적 편익이 앞으로 논의될 필요성이 있다는 점도 이 글은 보여 주고 있다. 특히 플랫폼 노동과 관련된 규제, 인공지능 신뢰라든가, 인공지능의 노동 통제로 나타날 수 있는 직업 건강 및 보건, 그리고 특정 기술이 가지고 있는 고용영향 평가의 구체성 등이 앞으로 더욱 자세히 들여다봐야 할 영역으로 제시되기도 했다.

얼핏 보면 이들 논의들이 복잡한 것 같지만, 이 글의 내용은 기존의 내용들을 모아서 정리한 것으로, 우리는 개별적인 논의들을 알고 있다. 문제는 이러한 개별적인 사항들을 구체적인 정책적 행위나 사회적 개입을 위한 담론으로 만들어 내고 실제 이를 실행하기 위해서 실천할 수 있는가이다. 설명할 수 있는 AI 알고리즘을 원칙으로 제시할 것인가 아니면 실제로 활용되는 사례에서 불합리하게 느껴지는 내용에 대한 설명을 사회가 강제할 수 있는가는 전혀 다른 이야기이다. 많은 국가들이 우리보다 빨리 시작했고 실제로 적용하고 있는 긱 경제 노동자들의 노동자성을 우리는 어떤 관점에서 바라보고 시행할 것인지 역시 매우 중요한 대목이다. 불평등을 완화하기 위한 노력이 사실은 인공지능 알고리즘이 제시하는 내용의 준법성과 학습 데이터의 완결성에 달려 있다는 사실을 글에서 제시하기도 하였다.

이렇게 광범위하게 살펴보면서 든 생각은, 코로나19 이전 시기부터 기술로 인해 플랫폼 노동과 같이 우리가 선택할 수 있는 기회는 많아졌지만, 그 선택지가 과도기적 시대라는 것이다. 현재보다 더 급격한 기술 변화가 다가오고 있으며, 이는 현재의 노동 세계를 또다시 뒤집을 수 있는 강력한 변화의 바람으로 보인다. 그리고 코로나19를 비롯하여, 경쟁과 사회 제반 환경이 이러한 변화를 더욱 부추기는 것으로 보인다. 이미 부정적인 증거들이 지속적으로 나타나고 있으며, 노동 환경이 문제가 있다는 것, 사고가 빈번하다는 것 등으로 어떻게 보면 변화를 대비하는 것이 아니라, 현재의 시스템을 유지하는 것조차 힘든 일로 보인다.

예를 들어, '소부장(소재, 부품, 장비)'과 같은 전면적인 중소기업 부양 정책, '신산업' 육성 정책이 개발 시대의 정부 주도 레거시로 유감없이 발휘되면서 성과를 올리는 가운데, 이른바 '포용적 성장'이라는 것이 사회 전체가 아니라 기업 조직에만 국한되는 방향으로만 진행되는 것은 아닌지 고민할 필요가 있다. 한때 상당히 회자되었던 '고용 없는 성장'이 아니라 '차별화된 이중적 성장'이 되면서 사회 안전망에 대한 요구가 높아지는 가운데 사회적 갈등이 빈번해지는 것은 아닌지 역시 우려가 된다. 이미 이러한 전조들이 사회적 요구와 갈등으로 많이 나타나고 있다.

코로나19 이후 시기와 관련하여 인공지능, 4차산업혁명의 진전, 바이오 등 최첨단 산업이 사회를 이끌 것 같지만, 이들 산업은 데이터가 없으면 대개 무용지물이라는 점에 주목해야 한다. 이들 산업의 핵심은 사람들로부터 데이터를 어떻게 모으고, 잘 가공하여 발전시키느냐에 있다. 사람들이 생산해 내는 데이터의 질 자체가 안전한 노동 환경에서 만들어진 것이 아니고 우리 모두를 갈아 넣는 가운데 만들어진 데이터라면, 그리고 그러한 데이터를 기반으로 해서 알고리즘이 만들어진다면, 우리 모두가 지속 가능하지 않다.

코로나19 시기 이후 사회적 변화를 살펴보며 분명해진 것은 우리가 겪는 변화 이벤트가 과거로부터의 흐름에 여전히 의존하고 있고, 급격해 보이는 변화가 사실은 이미 상당 부분 진행된 변화가 축적, 응축되어 있다가 한꺼번에 터져 나온 것이라는 사실이다. 그래서 이들 변화는 매우 익숙한 변화이고 우리가 어떻게 다루느냐에 따라 얼마든지 바뀔 수 있다는 것이다. 코로나19 이후 시대의 사회적 변화는 우리가 만들어 가야 한다.

1. 단행본, 논문

강대중 외, 『코로나19, 한국 교육의 잠을 깨우다』, 지식공작소, 2020.

김동규, 「우리나라의 직업구조 변동 ―『한국직업사전』 '03년판과 '12년판의 비교를 중심으로」, 『고용이슈』 5(2), 한국고용정보원, 2012, 62~79쪽.

김은경, 「기술혁명시대의 新노동자, 플랫폼 종사자」, 『이슈&진단』 407, 경기연구원, 2020.

김하영, 『뭐든 다 배달합니다』, 메디치미디어, 2020.

남재욱, 「플랫폼 노동자의 노동상황과 일자리 만족도에 관한 연구」, 『노동정책연구』 21(2), 한국노동연구원, 2021, 101~133쪽.

신태중·이주환, 『서울지역 택배기사의 노동실태와 정책개선방안』, 서울노동권익센터, 2017.

오삼일 외, 「코로나19 이후 자영업 특성별 고용현황 및 평가」, 『BOK 이슈노트』 2021-11, 한국은행, 2021.

우석훈, 『팬데믹 제2국면: 코로나 롱테일, 충격은 오래간다』, 문예
출판사, 2021.

이형찬 외, 「부동산자산 불평등의 현주소와 정책과제」, 『국토정책
Brief』 809, 국토연구원, 2021.

정성미, 「부업을 하는 사람들의 현황과 특징」, 『월간 노동리뷰』
2017-2, 한국노동연구원, 2017.

조규준, 「배달 플랫폼 노동의 특징과 문제」, 『월간 노동리뷰』
2021-2, 한국노동연구원, 2021.

Adams-Prassl, J., "What if Your Boss Was an Algorithm? The Rise
of Artificial Intelligence at Work," *Comparative Labor Law
& Policy Journal*, 41(1), 2019, p. 123.

Choi, S., "When everyone goes to college: The causal effect of
college expansion on earnings," *Social Science Research*, 50,
2015, pp. 229~245.

De Stefano, V. & A. Aloisi, *European Legal framework for digital
labour platforms*, Luxembourg: Publications Office of the
European Union, 2018.

Eurofound, *New forms of employment*, Luxembourg: Publications
Office of the European Union, 2015.

_____, *New forms of employment: 2020 update, New forms of*

employment series, Luxembourg: Publications Office of the European Union, 2020.

Finkin, M. W., "Beclouded Work, Beclouded Workers in Historical Perspective," *Comparative Labor Law & Policy Journal*, 37(3), 2016, p. 603.

Frey, C. B. & M. A. Osborne, "The Future of employment: How susceptible are jobs to computerisation?," *Technological Forecasting and Social Change*, 114, 2017, pp. 254~280.

Groll, A. et al., "Prediction of the FIFA World Cup 2018 – A random forest approach with an emphasis on estimated team ability parameters," *arXiv*, June 8, 2018.

Heard, B. R. et al., "Comparison of life cycle environmental impacts from meal kits and grocery store meals," *Resources, Conservation and Recycling*, 147, 2019, pp. 189~200.

Jarota, M., "Artificial intelligence and robotisation in the EU – should we change OHS law?," *Journal of Occupational Medicine and Toxicology*, 16(1), 2009, pp. 1~8.

Kirkpatrick, K., "It's not the algorithm, it's the data," *Communications of the ACM*, 60(2), 2017, pp. 21~23.

Krueger, A. O., "the Political Economy of the Rent-Seeking Society," *American Economic Review*, 64(3), 1974, pp.

291~303.

O'Reilly, T., *WTF: what's the future and why it's up to us*, London: Random House Business Books, 2018.

Prassl, J., *Humans as a Service: The Promise and Perils of Work in the Gig Economy*, Oxford: Oxford University Press, 2018, p. 52.

Roberts, M. et al., "Common pitfalls and recommendations for using machine learning to detect and prognosticate for COVID-19 using chest radiographs and CT scans," *Nature Machine Intelligence*, 3, 2021, pp. 199~217.

Shapiro, C., "Protecting Competition in the American Economy: Merger Control, Tech Titans, Labor Markets," *Journal of Economic Perspectives*, 33(3), 2019, pp. 69~93.

Siikavirta, H. et al., "Effects of E-Commerce on Greenhouse Gas Emissions: A Case Study of Grocery Home Delivery in Finland," *Journal of Industrial Ecology*, 6(2), 2002, pp. 83~97.

Van Dijck, J. et al., *The Platform Society: Public Values in a Connective World*, Oxford: Oxford University Press, 2018.

Williamson, O. E., "Transaction cost economics," *Handbook of Industrial Organization*, 1, 1989, pp. 135~182.

Wynants, L. et al., "Prediction models for diagnosis and prognosis of covid-19: systematic review and critical appraisal," *BMJ.*, 369, 2020, p. m1328.

2. 기사, 보도자료 외

BBC News 코리아, "배달의민족 독점, 수수료 논란 3분 정리," BBC News 코리아, 2020. 4. 6.

고용노동부, "소프트웨어 인재양성 현장에서 소프트웨어 인재 양성 대책 발표 및 실천협약 체결," 대한민국 정책브리핑, 2021. 6. 9.

공정거래위원회, "딜리버리히어로, 배민 인수하려면 요기요 지분 100%를 6개월 내로 매각하세요!," 공정거래위원회 공정위 뉴스, 2020. 12. 30.

국토교통부, "교통사고 사망자 감소세 속 배달 증가로 이륜차 사망은 늘어," 대한민국 정책브리핑, 2020. 11. 25.

길소연, "[단독] 아모레퍼시픽 에뛰드, 9년 만에 中 매장 완전 폐업," The Guru, 2021. 3. 11.

김경진, "美뉴욕도 택시면허권 12억 → 2억 추락, 8명 극단선택," 중앙일보, 2019. 5. 26.

김민정, "주택난에 20대 대출 급증… '전·월세 용도 59%↑'," 조선비즈, 2021. 9. 20.

김민제, "배달앱 '일회용 수저 안 받기' 설정, 한 달 만에 수저 6500만 개 아꼈다," 한겨레, 2021. 8. 26.

김민제·선담은, "가라면 가? 25분 거리를 15분 안에 가라는 'AI 사장님'," 한겨레, 2020. 10. 30.

김설아, "[단독] '도·자·킥 거부'… 배달의민족, '일반인 배달' 제한," 이코노미스트, 2021. 5. 7.

김세진, "남산 뚫고 가란 소리? AI 핑계 대며 배달수수료 후려치기," 뉴스데스크, 2021. 5. 31.

김소윤, "유통업계, 'IT 개발자' 모시기 경쟁," 우먼타임스, 2021. 7. 28.

김수진, "[팩트체크] 서울 아파트값 상승률 조사기관 따라 큰 차이 왜?," 연합뉴스, 2021. 6. 24.

김아름내·박우선, "[테마기획] 대한민국 여성이 일하기 좋은 일터_ ⑧ 스타벅스커피 코리아," 우먼컨슈머, 2019. 4. 16.

김영아 외, "배달앱 확산이 고용에 미치는 영향," 한국노동연구원, 2019.

김영진, "GS25의 도보배달 '우친' '배달하고 싶어도 콜이 없다'," 미디어펜, 2021. 4. 15.

김윤주, "'신호 지키며 일하고 싶다' 배달플랫폼 AI가 만드는 위험한 세상," 한겨레, 2021. 6. 29.

김은령, "'매장에서 차량 물류센터까지…' 뜨거운 도심소형창고

확보전," 머니투데이, 2021. 7. 19.

김은영, "점포 114곳 없앤 롯데… 독해진 강희태 '목표 절반 채웠
다'," 조선비즈, 2021. 1. 14.

김정환, "'일하면 좌절뿐… 이번 생은 포기하는 게'… 20~30대 청
년 70% '열심히 일해도 부자 될 수 없다'," 매일경제, 2021.
9. 12.

김형원, "배민 2020년 거래액 15조원 넘어서," IT Chosun, 2021.
3. 30. (=2021a)

_____, "배민 전기바이크 도입 지연, 이유 따로 있다," IT Chosun,
2021. 6. 21. (=2021b)

노정동, "'세계 1위' 아마존웹서비스 장애… 쿠팡·배달의민족·업
비트 '먹통'," 한국경제, 2018. 11. 22.

녹색연합, "배달음식 1회용품 이제 그만!," 2021. https://campaign.
greenkorea.org/stop-disposable-items/

더불어민주당 을지로위원회, "전국 배달노동자의 노동 실태 분석
과 정책 대안 마련을 위한 국회토론회 자료집," 한국비정규
노동센터 주관, 2020. 11. 19.

롯데쇼핑 재무총괄본부, "반기보고서," 금융감독원 전자공시시스
템, 2020. 8. 14.

문재용, "벽에 부딪힌 월마트… 매출 35년만에 역성장," 매일경제,
2016. 2. 19.

민경종, "아모레G, 외형·손익 창사 최저치 '추락'..탈출구는?," 산
업경제뉴스, 2020. 8. 7.

박광연, "공정위 '수수료 올라… 소비자·음식점 모두 피해 우려',"
경향신문, 2020. 12. 28.

박민제, "택시 면허값 9500만 → 6400만 원… '3800원 인생'이 무
너진다," 중앙일보, 2019. 5. 23.

박민제 외, "개발자, 신화와 진실," 중앙일보 팩플레터, 2021. 6.
15.

박소정, "배민, UN선정 '국제환경인증 최우수등급' 획득," 뉴데일
리, 2021. 5. 24.

박수지, "대형마트에서 쿠팡·배민으로… 골목상권 투쟁대상의
변화," 한겨레, 2021. 9. 9.

박용범, "美정부 '운전기사도 직원'… 우버 날벼락," 매일경제,
2021. 4. 30.

박정훈, "노동자 신체포기각서, 언제까지 쓰게 할 건가," 오마이뉴
스, 2020. 10. 13.

박준용, "플랫폼 노동 179만명 첫 특별법, 되레 '노동권 침해' 비판
왜?," 한겨레, 2020. 12. 22.

박준호·이형두, "[단독] 롯데슈퍼 '일반인 배달'로 '즉시배달' 시장
뛰어든다," 전자신문, 2020. 11. 11.

박지윤 외, "'연봉 1억' 신기루… '코로나 시대' 배달 라이더의 삶,"

한국일보, 2020. 9. 24.

박찬규·지용준, "국내 이륜차 시장, 실속 없이 덩치만 커졌다… 안방도 이미 내줘," 머니S, 2021. 1. 31.

박효주, "[이슈분석] 이마트·롯데마트, 실적 개선 이뤘다… 구조조 정 효과 '톡톡'," 전자신문, 2021. 2. 18.

박효진, "그릇 찾으러 간 중국집 배달원 눈물… '세상은 아직 살 만해요'," 국민일보, 2016. 1. 29.

배달의민족, "배민트렌드 2021," ㈜우아한형제들, 2021. 1. 1. https://d1mphx2csg3pcg.cloudfront.net/file/bm_ trend2021.pdf

배정원, "美부자들이 사랑한 113년 백화점 니만마커스도 '코로나 파산'," 중앙일보, 2020. 4. 20.

보건복지부 기초생활보장과, "2021년 기준 중위소득 및 생계·의 료급여 선정기준과 최저보장수준," 보건복지부, 2020. 8. 7.

삼일회계법인, "쿠팡 주식회사와 그 종속회사 연결재무제표에 대 한 감사보고서," 금융감독원 전자공시시스템, 2020.

삼정회계법인, "주식회사 우아한형제들 재무제표에 대한 감사보 고서", 금융감독원 전자공시시스템, 2020.

서영아, "마스크 가격," 동아일보, 2020. 5. 11.

서울특별시 예산총괄팀, "한눈에 보는 서울시 예산(2020)," 서울특 별시 예산정보, 2021. 1. 18.

손해용, "낮엔 직장인, 밤엔 배달알바··· '투잡족' 56만 명 사상 최대," 중앙일보, 2021. 9. 9.

식품의약품안전처, "5월 15일 마스크 공적판매 수급상황 발표," 보도자료, 2020. 5. 15. (=2020a)

_____, "마스크 생산·공급 동향 발표," 보도자료, 2020. 9. 8. (=2020b)

신민정, "롯데마트, 월마트식 '다크 스토어' 본뜬 모델 도입," 한겨레, 2020. 10. 29.

신성식, "택배기사도 매년 건강검진 추진··· 퀵서비스 포함 여부는 미정," 중앙일보, 2021. 5. 25.

신윤철, "쿠팡이츠 내일부터 배달 수수료 600원 인하··· 라이더 '집단 휴무' 가능성," SBS Biz, 2021. 3. 1.

신찬옥, "기업 63% '내년 도입 1순위 기술은 클라우드'," 매일경제, 2020. 11. 19.

신혜정, "연봉 1억? 라이더 1600명 조사해 보니 '최저임금 겨우 번다'," 한국일보, 2020. 11. 19.

심서현·박민제, "궁금한 점, '개발자피셜' 답이 왔어요," 중앙일보 팩플레터, 2021. 6. 18.

안경무, "진격의 쿠팡이츠··· 1년 만에 사용자 6배 늘었다," 이투데이, 2021. 8. 26.

안대규, "'절대로 안 망한다더니···' 우후죽순 생긴 마스크공장 '줄

폐업'," 한국경제, 2020. 9. 20.

엄지용, "배달의민족의 인공지능 배차는 어떻게 작동하나," 바이라인네트워크, 2020. 12. 20.

오정민, "맥도날드도 배달이 성장 견인⋯ 작년 1분당 40개 팔린 빅맥," 한국경제, 2021. 3. 16.

온종훈, "[키오스크 전성시대] 최저임금 인상운동 도화선 된 맥도날드, 무인화 확대 → 일자리 감소," 서울경제, 2018. 5. 14.

용환진, "오토바이도 거센 수입산 바람," 매일경제, 2019. 2. 7.

원티드, "개발자 평균 연봉 65% 올랐다고? 2021년 하반기 채용시장 트렌드," 원티드 네이버 블로그: Wanted, 2021. 7. 1. https://blog.naver.com/PostView.naver?blogId=wantedlab&logNo=222416169446

윤슬기, "배달앱 가맹 음식점 80% '높은 수수료, 음식가격 인상해 해결'," 동아일보, 2020. 8. 27.

윤정훈, "아모레퍼시픽그룹, 1Q 온라인·해외 주도⋯ 영업익 191% 증가," 이데일리, 2021. 4. 28.

윤주영, "라이더의 준법운전 가능한 구조 속에서 더 엄격한 단속 부탁드린다," 한국일보, 2021. 9. 5.

윤지원, "비정규직, 노동시간 '뚝' 임금격차 '쑥'," 경향신문, 2021. 8. 16.

윤혜숙, "길거리에 자율주행 로봇이 등장했다~," 대한민국 정책브리핑, 2021. 4. 23.

윤호영, "언론과 SNS에 반영된 인공지능에 대한 사회인식 변화: 신뢰 중심," 정보통신정책연구원 과제 자문 보고서, 2021.

윤희정, "'스타벅스 직원 월급이 '이 정도'라는데 사실인가요? (+직원 댓글)," 위키트리, 2020. 7. 22.

이대희, "작년 코로나 타격에도 부동산은 두 자릿수 상승… '피케티지수 더 커져'," 프레시안, 2021. 8. 5.

이동우, "'강남에선 쿠팡이츠가 압도적'… '매출 1조' 배민은 왜 밀려났나," 머니투데이, 2021. 3. 30.

이민주, "쿠팡이츠, 가파른 점유율 상승세… 요기요 잡고 배민 넘을까," 비즈팩트, 2021. 8. 4.

이벌찬, "EU, 휘발유·디젤 신차 2035년부터 판매 금지 추진," 조선일보, 2021. 7. 15.

이석호, "우아한청년들, 코로나 뚫고 종횡무진 '배민라이더스' 올라타 3년 만에 3000% 성장," 메가경제, 2021. 3. 30.

이선목, "아모레, 20개월새 가맹점 661곳 줄폐업… '온라인 집중 전략 원인'," 조선비즈, 2020. 10. 8.

이선율, "주행거리 늘었는데 오히려 수익은 감소… AI배달 비효율적," 뉴스토마토, 2021. 6. 29.

이세미, "[코인 시그널①] '비트코인 존재 인정하라!' 왜 2030세대는 암호화폐에 꽂혔나," 투데이신문, 2021. 4. 30.

이완기, "'e커머스 점유율 30%로' 네이버, 5% 급등 신고가," 서울 경제, 2021. 3. 18.

이종운, "마스크 주간 생산량 1억 3천만 개, 가격도 안정세," 약업 신문, 2021. 2. 23.

이준상, "커넥티드 전기자전거, 멸종위기동물 보호 캠페인 진행," 중소기업뉴스, 2019. 4. 22.

이준형, "[단독] 배민보다 먼저… 쿠팡이츠 라이더, 전기 오토바이 탄다," 아시아경제, 2021. 7. 16.

이진성, "속도 경쟁 내몰리는 이륜차 배달… 안전한 배달시간 살 펴본다," 아시아투데이, 2021. 9. 26.

이태수, "맥도날드 '2021년까지 모두 전기 오토바이로 배달'," 연합 뉴스, 2019. 1. 22.

＿＿＿＿, "코로나19 한파에도 작년 음식점 폐업 감소한 까닭은," 연 합뉴스, 2021. 6. 2.

이한열, "편의점 업계, 배달로봇 도입 경쟁 뜨거워," ZDnet Korea, 2021. 8. 31.

이호승 외, "배달의민족 '백기'… 요금개편 철회," 매일경제, 2020. 4. 10.

임용빈·이기쁨, "2003~18 KLI 비정규직 노동통계," 한국노동연 구원, 2018.

장가람, "[IT돋보기] 매출 1조 돌파한 '배민' 적자 못 벗어나… '왜?',"

아이뉴스24, 2021. 3. 31.

장상유, "[오늘Who] 에코프로비엠 미국으로, 이동채 배터리3사 다 고객사로," 비즈니스포스트, 2021. 9. 16.

전수한, ""조대'·'똥콜'에 숨이 턱'··· 폭염 속 배달라이더 해보니," 이데일리, 2021. 8. 8.

정치연, "타다금지법, 개인택시 부담만 늘렸다··· 수익성 악화에 택시 면허도 '1000만 원' 하락," 전자신문, 2021. 6. 13.

조건희, "더욱 진해진 완성도와 노하우, 2021 혼다 PCX 125 시승 기," 모토이슈, 2021. 4. 5.

조성흠, "배달의민족 '라이더 상위 10% 평균 월소득 632만 원'," 연합뉴스, 2020. 2. 12.

조혜령, "이마트 2020년 매출 22조··· 코로나 딛고 사상 최대 실적 기록," 노컷뉴스, 2021. 2. 9.

최덕수, "배달의민족 인수로 국내 1위 배달 서비스 기업이 될 '딜리버리히어로'," 앱스토리, 2020. 2. 12.

최민영·이정하, "NHN 손잡은 공공배달앱, 배민 '독과점' 깨기 시동," 한겨레, 2020. 7. 21.

최민우, "'수수료 논란' 배달의민족, 라이더 지급액도 삭감," 국민일보, 2020. 4. 8.

최우리, "문 대통령 '2050년 탄소중립 선언··· 석탄발전, 재생에너지로 대체'," 한겨레, 2020. 10. 28.

최준선, "'이러다 배달기사의 민족' 전 국민 1%가 배달족, 그래도 부족하다?," 헤럴드경제, 2021. 8. 9.

통계청, "직장인 유튜버 수입은 얼마? 취미와 재능으로 N잡 뛰는 하비프러너," 통계청 공식 블로그: 통하는 세상, 2020. 9. 16. https://m.blog.naver.com/hi_nso/222091141381

_____, "규모, 학력, 연령계층, 성별 임금 및 근로조건(2009년 이후)," 고용노동부 「고용형태별근로실태조사」, 통계청 KOSIS, 2021. (=2021a)

_____, "배달앱 및 배달대행 이용현황," 농림축산식품부 「외식업체경영실태조사」, 통계청 KOSIS, 2021. (=2021b)

_____, "배달 오토바이 교통사고 많은 시간 봤더니," 대한민국 정책브리핑, 2021. 9. 28. (=2021c)

_____, "비정규직근로자비율," 통계청 「경제활동인구조사 근로형태별 부가조사」, 통계청 e-나라지표, 2021. (=2021d)

_____, "성/연령별 실업률," 통계청 「경제활동인구조사」, 통계청 KOSIS, 2021. (=2021e)

_____, "소상공인 현황," 통계청 e-나라지표, 2021. (=2021f)

_____, "2020년 주택금융및보금자리론실태조사," 한국주택금융공사 「주택금융및보금자리론실태조사」, 통계청 KOSIS, 2021. (=2021g)

_____, "자영업자의 월 평균 소득 유무 및 수준," 한국장애인고용

공단 「장애인고용패널조사」, 통계청 KOSIS, 2021. (=2021h)

_____, "자영업자 현황," 통계청 e-나라지표, 2021. (=2021i)

_____, "주택전세가격 동향," 한국감정원 「전국주택가격동향조사」, 통계청 e-나라지표, 2021. (=2021j)

_____, "품목별 소비자물가지수," 통계청 「소비자물가조사」, 통계청 KOSIS, 2021. (=2021k)

통계청 행정통계과, "2020년 2/4분기(5월기준) 임금근로 일자리 동향," 보도자료, 2020. 11. 26.

_____, "2020년 3/4분기(8월기준) 임금근로 일자리 동향," 보도자료, 2021. 2. 25.

한국노동연구원, "영국, 고용항소심판소, 우버기사를 노무제공자로 본 고용심판소 판결에 대한 항소 허가," 한국노동연구원 해외노동동향, 2017. 6. 26.

한국소프트웨어산업협회 산업정책실, "2021년 적용 SW기술자 평균임금 공표," 한국소프트웨어산업협회, 2020. 12. 1.

호텔신라 TR 지원팀, "사업보고서," 금융감독원 전자공시시스템, 2021. 3. 10.

홍준기, "작년 신규 증권계좌 723만 개, 절반 이상이 2030," 조선일보, 2021. 1. 12.

홍지인, "크래프톤, 개발자 연봉 2천만 원 일괄 인상… 초봉 6천만원," 연합뉴스, 2021. 2. 25.

환경부, "2021년 환경친화적 자동차 보급 시행계획," 환경부, 2021. 4.

Acemoglu, D. et al., "AI and Jobs: Evidence from Online Vacancies," National Bureau of Economic Research, December 2020.

BBC News, "Nuro set to be California's first driverless delivery service," BBC News, December 24, 2020.

Borrelli, S. S. & D. Ghiglione, "Commentary: Italy emerges as next front in gig economy labour battle," The Irish Times, April 8, 2021.

Bryan, K. A. & J. S. Gans, "A Theory of Multihoming in Rideshare Competition," NBER, July 2018.

Cheng, A., "Two Years After Amazon Deal, Whole Foods Is Still Working To Shed Its 'Whole Paycheck' Image," Forbes, August 28, 2019.

Dutton, S., "Takeaway.com Monopoly Could Derail Food Delivery Growth in Germany," Euromonitor, December 23, 2019.

European Union, "Health and safety in the workplace of the future," European Parliament Briefing, 2019.

Heaven, W. D., "Hundreds of AI tools have been built to catch covid. None of them helped," MIT Technology Review, July 30, 2021.

Kim, M. S., "This company delivers packages faster than Amazon, but workers pay the price," MIT Technology Review, June 9, 2021.

Ma, M., "Grocery delivery service is greener than driving to the store," UW News, April 29, 2013.

Manyika, J. & K. Sneader, "AI, automation, and the future of work: Ten things to solve for," McKinsey & Company, June 1, 2018.

Manyika, J. et al., "Independent work: Choice, necessity, and the gig economy," McKinsey & Company, October 10, 2016.

Marshall, A., "Self-Driving Cars Likely Won't Steal Your Job (Until 2040)," Wired, June 13, 2018.

Möhlmann, M. & L. Zalmanson, "Hands on the wheel: Navigating algorithmic management and Uber drivers' autonomy," proceedings of the International Conference on Information Systems(ICIS 2017), December 10~13, 2017.

O'Connor, S., "When your boss is an algorithm," Financial Times, September 8, 2016.

OECD, "OECD Principles on Artificial Intelligence," OECD,

2019.

Peterson, H., "The pandemic is ramping up the war between Amazon, Walmart, and Target, and making them more powerful than ever," Insider, August 23, 2020.

Ratcheva, V. S. & G. Hingel, "5 things to know about the future of jobs," World Economic Forum, October 23, 2020.

Szymkowski, S., "Domino's pizzas now delivered with autonomous cars in Houston," Roadshow, April 12, 2021.

Tang, V. et al., "Gender Equality and COVID-19: Policies and Institutions for Mitigating the Crisis," Fiscal Affairs, July 28, 2021.

코로나19로 되돌아보는 노동 세계의 변화

배달 앱 플랫폼과 노동 그리고 미래